79.

unter beständigen Rühren auf Kohlen aufkochen, nun setzt man die Artischoken auf eine Platte, und gießet die Sauce darüber.

Spargeln in weißer Petersilien Sauce.

Sind die Spargeln geschält und abgeschnitten, bindet man sie in Büschel, macht in einer messingenen Pfanne, oder in einem Hafen, Wasser siedend, thut 1 Handvoll Salz, und die Spargel hinein, und siedet sie nicht zu weich, daß die Köpfe nicht abfallen; dann legt man sie auf eine Platte, thut 1 Stück frischen Butter in einen Hafen, wenn es zergangen ist, ein wenig klein gehackte Petersilien, einen Kochlöffel voll feines Mehl hinein, ein wenig Fleischbrühe und Spargelbrühe dazu, läßt es recht aufkochen, und richtet dann die Sauce über die Spargeln an.

Reben, Rebhuhn, Rebellion

In Erinnerung an Richard Engelhorn

Magdalena Christmanns Kochbuch aus dem Jahr 1825

Reben, Rebhuhn, Rebellion

Ein kulinarischer Streifzug durch die Pfälzer Küche
Historische Rezepte interpretiert von Sternekoch Tristan Brandt
Episoden aus jenen Tagen schildert Ulla Hofmann

EDITION**PANORAMA**

— einst —

Magdalena Clossmann, geboren 1756 in Mannheim als Tochter des Brauereibesitzers Johann Melchior Clossmann, wuchs in einer angesehenen kurpfälzer Familie auf. Der Bruder des Vaters war Hofkammerrat in Diensten des Kurfürsten Carl Theodor, einer ihrer Brüder vertrat später den Landesherrn als Konsul in Bordeaux. Magdalena heiratete 1779 den Mannheimer Holzhändler und Küfer Johann Philipp Christmann und zog über den Rhein nach Dürkheim. Dort wurde Jahre später ihr Sohn Johann Balthasar Christmann Bürgermeister, von dort aus zog ihr Enkel Rudolf Christmann 1848 als Abgeordneter in das erste deutsche Parlament in die Frankfurter Paulskirche. Magdalena wusste, dass Essen und Trinken in unruhigen Zeiten Leib und Seele zusammenhält. Sie wurde eine exzellente Köchin, die am Abend ihres Lebens im Jahr 1825 ihre Rezepte in einem 300 Seiten starken Kochbuch niederschrieb, das sich heute im Besitz ihrer Nachfahren Konrad, Alice und Johann Fitz vom Weingut Fitz-Ritter befindet.

Alice Fitz entdeckte 150 Jahre später das kostbare alte Buch auf dem Speicher des Gutshauses der Familie, das die Stürme der Jahrhunderte unbeschadet überstanden hat. Da sie die Schrift nicht entziffern konnte, bat Alice Fitz die mit ihr befreundete Journalistin Ulla Hofmann um eine „Übersetzung". Die unbekannte Schrift entpuppte sich als altdeutsche Schreibschrift. Die alten Rezepte für Gerichte, die mitunter heute noch in gleicher Kochweise auf den Tisch kommen, erschienen Alice Fitz und Ulla Hofmann eine Renaissance wert. Tristan Brandt, Sternekoch bei Engelhorn in Mannheim, ließ sich nicht lange bitten und vertiefte sich in Magdalenas Kochbuch.

Rechte Seite (im Uhrzeigersinn): Gutshaus der Familie Fitz von 1785 | Alter Fassboden | Raritätenkeller | Sektmuseum mit alten Gerätschaften und der schwarzen Winzerfahne vom Hambacher Fest 1832

Nachfolgende Doppelseite (im Uhrzeigersinn): Porträt von Magdalena Christmann, geborene Clossmann | Magdalenas Kochbuch von 1825 | Magdalenas Hochzeitskleid | Historisches Paket an Herrn Fitz | Gesellenbrief des Weinküfers Philipp Christmann von 1768

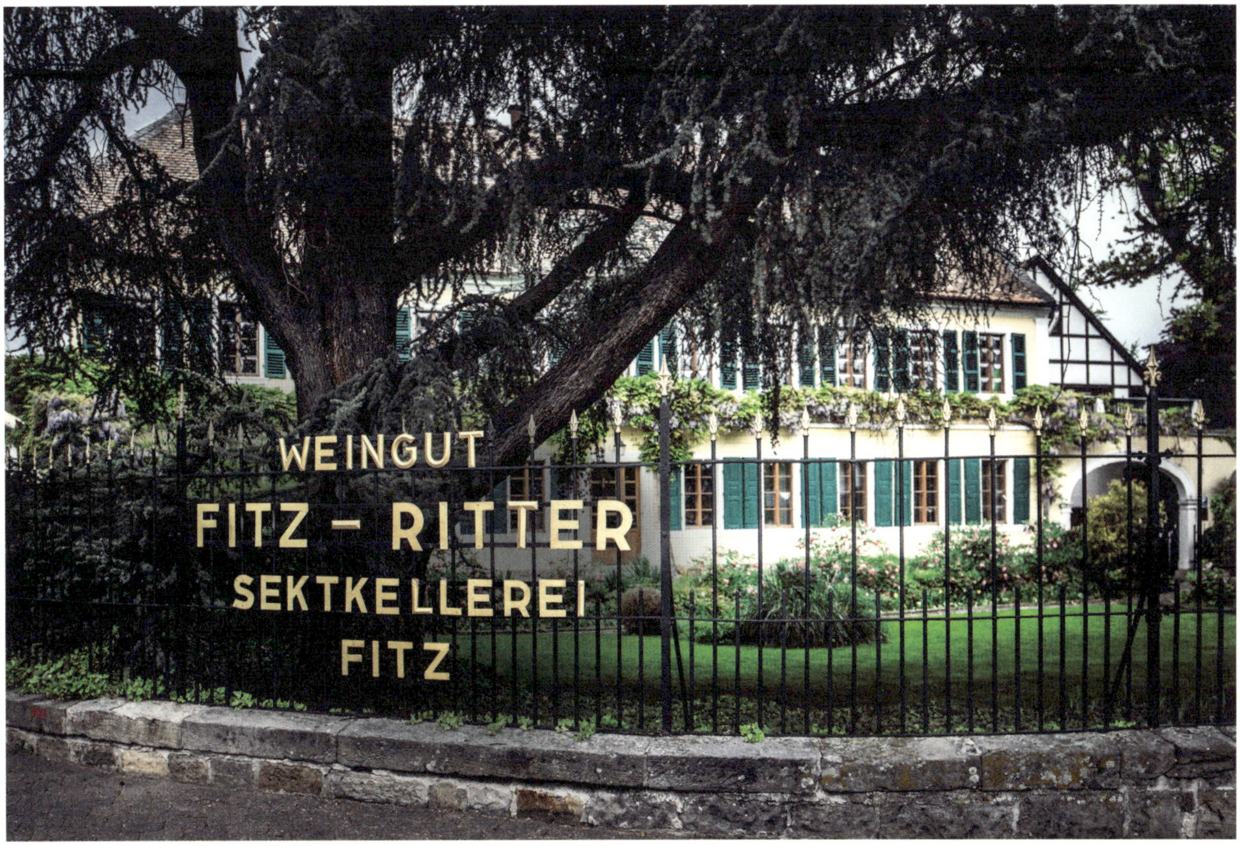
WEINGUT
FITZ - RITTER
SEKTKELLEREI
FITZ

CHAMPAGNER
FITZ & BAUST

FITZ

WEINGUT K.FITZ-RITTER
1785

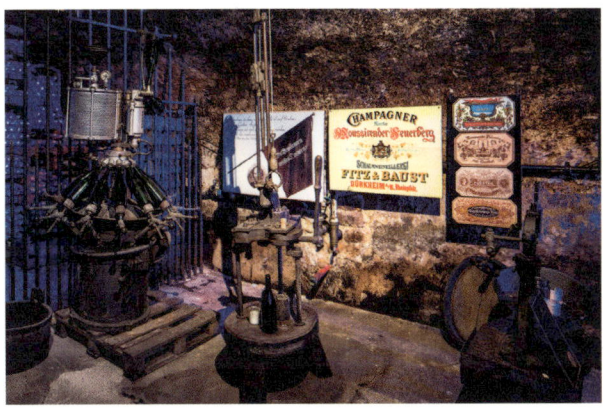

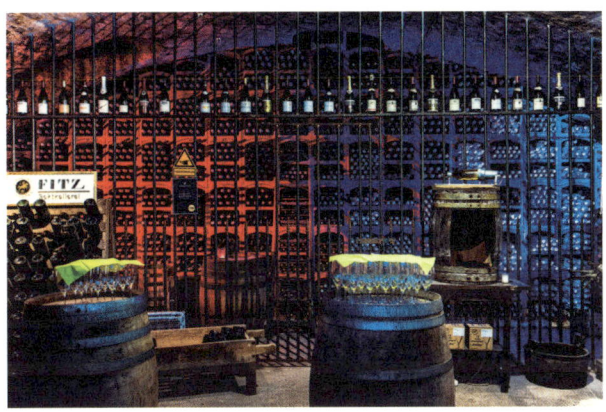

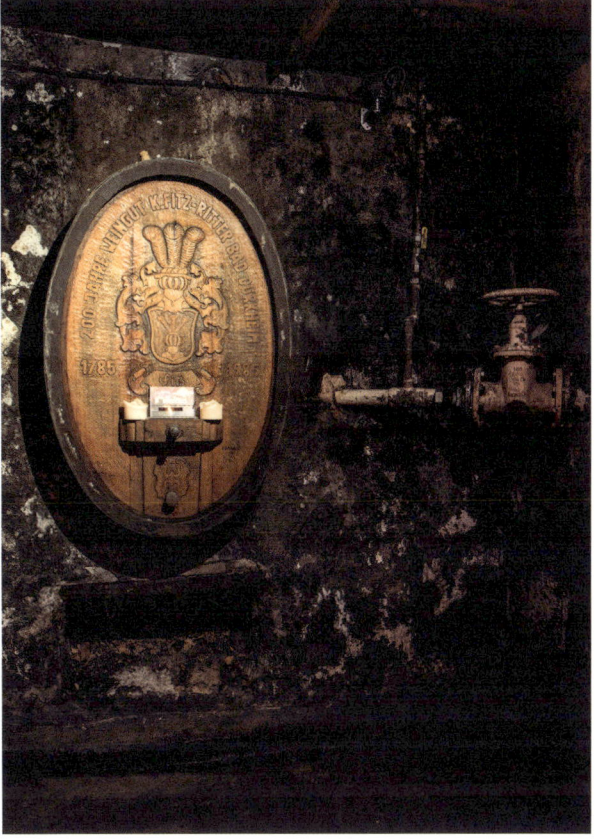

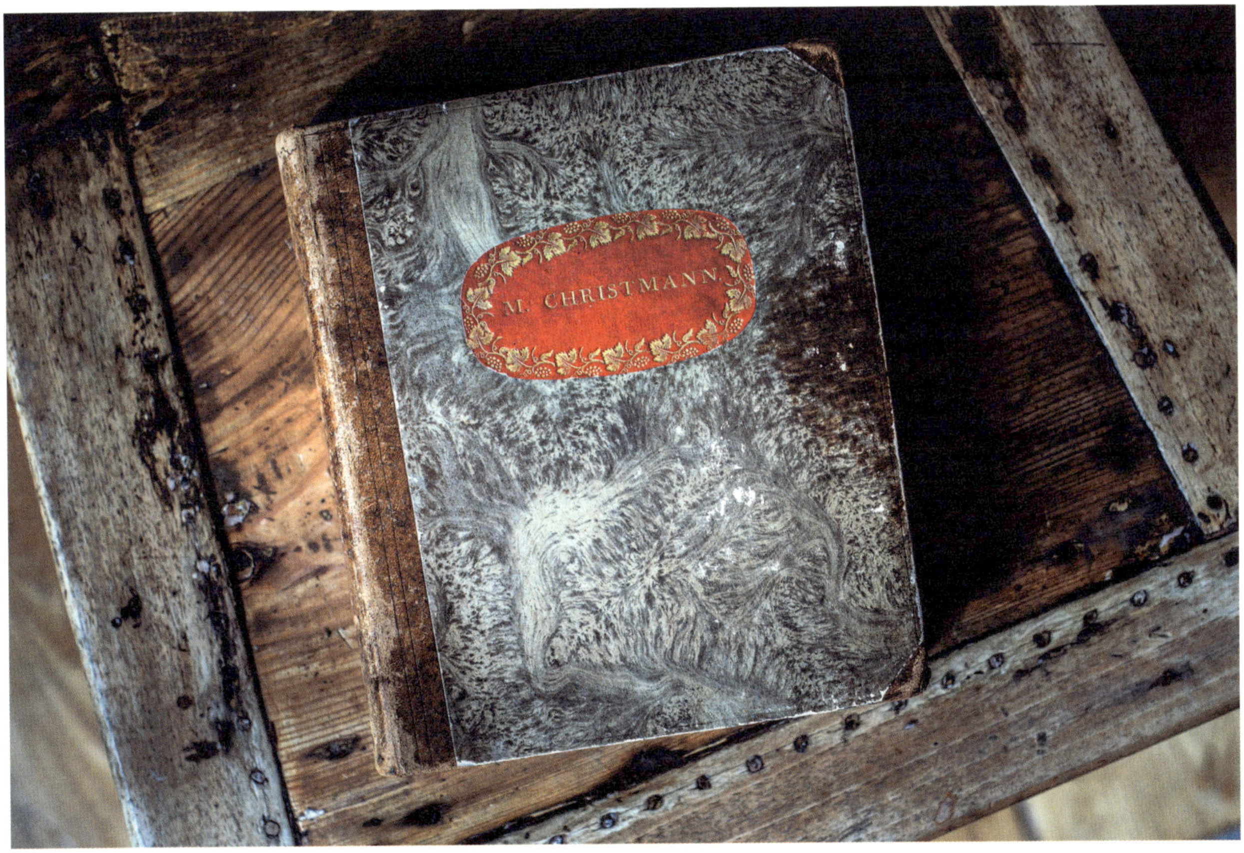
M. CHRISTMANN

71
über
Württemberg

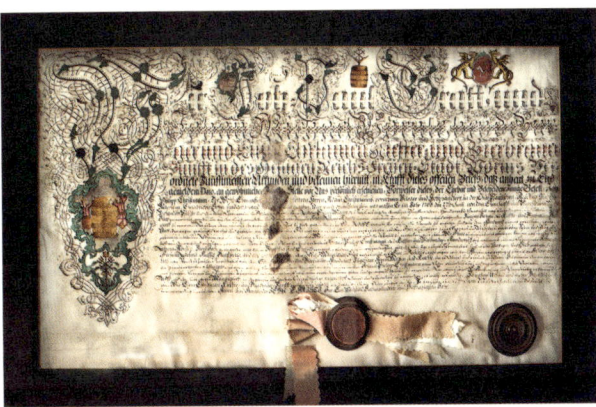

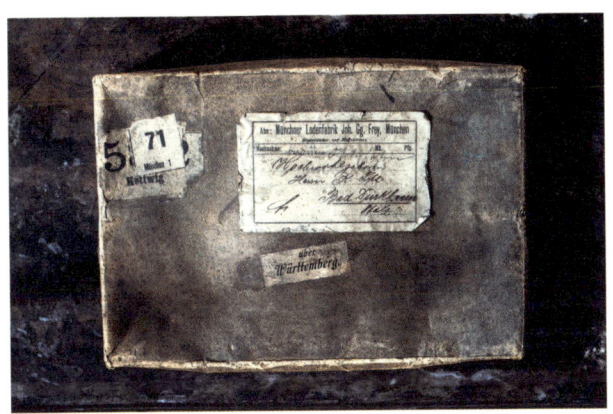

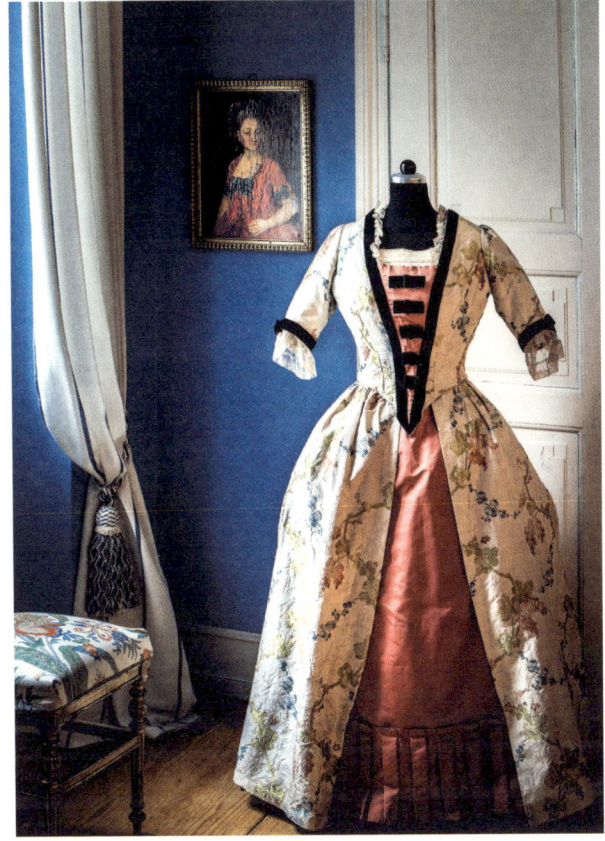

– jetzt –

Tristan Brandt hat aus Magdalenas Rezepten Speisenfolgen zusammengestellt, die diese Frau bei großen und bei kleinen Anlässen, in Glanz und Not gekocht haben könnte. Er verwandelt dabei Gerichte von Magdalena in verführerische zeitgenössische Kreationen. Er wählt mitunter andere Ausgangsprodukte – wo werden heute noch Schnepfen gejagt? Er fügt andere, teilweise asiatische Gewürze hinzu, und scheut auch nicht davor zurück, altbekannte Kurpfälzer Spezialitäten – wie etwa die Dampfnudel – neu zu interpretieren.

Magdalenas Lebenszeit von 1756 bis 1835 war alles andere als ruhig. Diese Frau stand während ungeheurer politischer und gesellschaftlicher Umbrüche in ihrer Küche. Die absoluten Herrscher verschwanden – auch in der Kurpfalz. Magdalena erlebte die letzten Jahre der Pfälzer Kurfürsten, die Napoleonischen Kriege und die stürmische Zeit des deutschen Vormärz. Sie kochte für die Mannheimer Verwandtschaft, die Schillers „Räuber" im neuen Nationaltheater erlebt hatte, und sie kochte für Pfälzer Rebellen. Was sich in jenen stürmischen Tagen im Umkreis von Küche und Hof abspielte, hat die Journalistin Ulla Hofmann in erläuternden Texten aufgefangen.

Das Kochbuch zeigt Kurpfälzer Kochkunst aus alter und neuer Zeit und begeistert in dieser reizvollen Gegenüberstellung.

Nachfolgende Doppelseite: Tristan Brandt | Sternerestaurant OPUS V bei Engelhorn in Mannheim

REZEPTE – EINST UND JETZT

19   **MANNHEIM IM GLANZ DES FÜRSTENHOFS | 1756**
Lachs in Sauerampfersoße und Wacholder

29   **„… UND TRITT BESCHEIDEN AUF" | 1768**
Rinderrücken mit Aubergine und Pilzcreme

39   **DER KURFÜRST IST FORT | 1777**
Rebhuhn mit Artischocke und Tomate

49   **„DIE RÄUBER" IN MANNHEIM | 1782**
Interpretation von Schinken und Languste

59   **DAMALS HIESS ER RULÄNDER | 1785**
Mannheimer Quadrate

69   **FREIHEIT! GLEICHHEIT! BRÜDERLICHKEIT! | 1794**
Mannheimer Dampfnudel

79   **DIE PFALZ WIRD FRANZÖSISCH | 1798**
Bouillabaisse

89   **KIRCHENGUT IST ZU ERSTEIGERN | 1806**
Ochsenfleisch asiatisch

99   **DER HEIRATSMARKT DER PFALZ | 1806**
Kalbszunge

109   **JUNGE BRAUT IN ALTEM KLEID | 1807**
Kabeljau mit Süßkartoffel und Kaffeeöl

119   **SCHOKOLADE UNTERM GINKGOBAUM | 1810**
Kirschenplotzer

129   **BESUCH AUS MANNHEIM | 1819**
Spargel mit Brombeere und Algen

139   **REBELLEN TREFFEN SICH ZUR JAGD | 1820**
Hirschrücken mit Roter Bete

149   **DER ROTE FITZ | 1832**
Gurke mit brauner Butter

159   **KÖNIGLICH-BAYERISCHER HOFLIEFERANT | 1837**
Tranche vom Saibling

„Maria Magdalena Philippina", kratzt die Feder des Schreibers über die Seite des Mannheimer Evangelischen Kirchenbuchs, „filia legitima…" – rechtmäßige Tochter des Bierbrauers und Weinhändlers Johann Melchior Clossmann. Der Vater ist glücklich. Was da am 26. März 1756 beurkundet wird, ist die Taufe seiner dritten Tochter, der noch mehrere Geschwister folgen werden. Das Kind wird hoffentlich gesund heranwachsen, hoffentlich einmal eine gute Partie machen, wünscht er sich insgeheim. Im Elternhaus in der Haupt- und Residenzstadt Mannheim steht anno 1756 alles zum Besten. Der prächtige Hof, den der Kurfürst Carl Theodor unterhält, ernährt die halbe Stadt. Das riesige Schloss ist noch im Bau, aber das Hofleben rund um den kunstsinnigen Fürsten prägt unverkennbar den Charakter der Stadt und ihrer Menschen. Als „pfälzisches Florenz" wird Mannheim schon gerühmt. Handel und Wandel sind im Aufschwung. Viele Fremde kommen in die Stadt und wundern sich über die schachbrettartige Einteilung der Innenstadt in Quadrate mit Buchstaben und Zahlen, die sich die Bürger lieber merken als die Straßennamen, die es zusätzlich gibt. Vater Clossmann, Besitzer der ansehnlichen Mannheimer Brauerei „Zum Goldenen Kopf", sieht der Zukunft frohgemut entgegen. Was er nicht ahnen kann: Magdalena wird nicht nur eine hervorragende Köchin – nein, sie schreibt die Rezepte der Gerichte, die sie im Haus ihres Ehemanns, des Küfermeisters und Holzhändlers Johann Philipp Christmann, in Mannheim und später in Dürkheim kochen wird, in feinster altdeutscher Schreibschrift in einem Kochbuch nieder: eine Schatztruhe kurpfälzer Lebensart.

Was hätte sie als Taufessen vorgeschlagen? Das Essen soll gut, aber nicht zu kostspielig sein. Also ein Gericht mit Salm, wie der Lachs nach seinem lateinischen Gattungsnamen „salmo" früher hieß. Denn es werden viele Gäste zur Tauffeier erwartet, die Familie ist groß, und den Salm aus dem Rhein gibt es reichlich und preiswert – so reichlich, dass in den Dienstverträgen jener Jahre mitunter vereinbart wird, dass nicht öfter als dreimal in der Woche Salm auf den Mittagstisch der Bediensteten kommt. Die Taufgäste können nicht ahnen, dass der Salm 200 Jahre später im Zuge der Industrialisierung aus dem Rhein verschwinden wird, zur Delikatesse aufsteigt, auch gar nicht mehr so preiswert ist, um dann allmählich wieder im Rheinstrom angesiedelt zu werden.

Essen zur Kindstaufe

Eier Geröst Suppe
Salm, gesieden
Bisquit Torte mit Johannisbeeren

Zubereitung nach Art von Magdalena

Eier Geröst Suppe: Für sechs Personen nimmt zwei Eier und fein Mehl, macht einen recht steifen Teig davon, daß man ihn auf dem Reibeißen reiben kann, dann ein Stück Butter in einen Hafen, röstet das Geriebene gelb darein, füllt es hernach mit Fleischbrühe auf, läßt es ein wenig kochen. Man kann das Geriebene auch ungeröstet laßen, und wenn die Fleischbrühe kocht, es hinein thun.

Salm, gesieden: Dieser wird mit einem Theil Eßig, zwei Theil Wein, ein Theil Waßer, ein handvoll Salz, etliche Lorbeerblätter, eine halb zerschnittene Zitrone, ein paar Zwiebeln, etliche ganze Näglein, einige Wachholderbeeren, Rosmarin, Basilikum und Tragant gesotten, thue den Salmen aber nicht eher hinein, als bis das Waßer anfängt zu sieden. Sind die Stücke nicht groß, so wird er nur so lange wie ein paar harte Eier gesotten, wenn er zu viel siedet, wird er ganz hart. Auf diese Art kommt er warm zu Tische. Wird er aber kalt gegeben, läßt man ihn in der Sauce liegen und kann ihn acht Tage darin aufhalten. Man kann auch eine Kapern Sauce mit Eiergelb dazu machen.

Bisquit Torte mit Johannisbeeren: Ein halb Pfund gesiebten Zucker wird mit sechs ganzen Eiern und dem Gelben von ebensoviel anderen Eiern eine viertel Stunde gerühret. Sobald die Maße recht dick ist, nimmt man das von einer Zitrone auf dem Reibeißen Abgeriebene, und drei achtel Pfund vom feinsten Bisquitmehl, thut zuerst die geriebene Zitrone, nach dieser das Mehl darein, rühret nur noch so lang, bis nichts mehr vom Mehl gesehen wird, bestreicht einen Schneckenmodell mit Butter, streut ihn mit Weckmehl, füllt den Modell von der Maße halb voll, theilt eingemachte Johannisbeeren, welche nicht viel Saft haben, auf der Maße herum und thut die übrige Maße darüber und bringt sie sogleich in den Backofen.

ZUBEREITUNG NACH ART VON TRISTAN BRANDT

LACHS IN SAUERAMPFERSOSSE UND WACHOLDER

Lachs: Den Lachs mit Salz würzen und Olivenöl einreiben, abgedeckt mit Frischhaltefolie im Ofen bei 52°C (Kerntemperatur 38°C) garen und mit Maldonsalz nachwürzen.

Spargel: Grünen und weißen Spargel dünn der Länge nach aufschneiden und einsalzen, damit die Struktur zerstört und der Spargel geschmeidig wird. Aus je 50 ml Champagneressig und Traubenkernöl eine Champagnervinaigrette herstellen, mit dieser den Spargel marinieren und mit Pomeloöl abschmecken. Dann den Spargel kreuzförmig auf dem Lachs anrichten.

Reduzierte Sahne: 250 ml Sahne mit 10 zerdrückten Wacholderbeeren langsam reduzieren, bis die Sahne anfängt zu karamellisieren. Weiter reduzieren, bis sie eine feste cremeartige Konsistenz hat. Anschließend durch ein Sieb passieren.

Sauerampfersoße: 400 ml süß-sauren Fond aus 200 ml Wasser, 100 g Zucker und 100 ml Essig erstellen, dann mit 250 ml alkoholfreiem Rieslingsaft und 250 ml alkohohlfreiem Scheurebensaft vermengen. Alles mit 250 g Sauerampfer mixen, durch ein Microsieb passieren, mit Salz abschmecken und mit Xanthan binden.

Anrichten: Reduzierte Sahne mit einem Esslöffel als Nocke auf den Teller drapieren und mit Blüten garnieren. Parallel dazu den gegarten Lachs mit Spargeln platzieren und die Sauerampfersoße angießen.

Zutaten für 4 Personen

Lachs
› 400 g Lachsfilet, ohne Haut und Gräten (vorzugsweise Ora King Lachs)
› Salz
› Olivenöl
› Maldonsalz

Spargel
› je 4 Stangen grüner und weißer Spargel
› Salz
› Champagnervinaigrette (je 50 ml Champagneressig und Traubenkernöl)
› Pomeloöl

Reduzierte Sahne
› 250 ml Sahne
› 10 Wacholderbeeren

Sauerampfersoße
› 200 ml Wasser
› 100 g Zucker
› 100 ml Essig
› 250 ml Rieslingsaft
› 250 ml Scheurebensaft
› 250 g Sauerampfer
› Salz
› 1 Msp. Xanthan

Anrichten
› Blüten, zum Garnieren

Was hat Tristan Brandt zu seinem Rezept inspiriert?

Lachs hat in der Spitzengastronomie wieder an Bedeutung gewonnen – er hat ein wunderbares festes Fleisch und eine Farbe, die Kombinationen mit andersfarbigen Gewürzen und Gemüsen geradezu herausfordert. Mich hat immer fasziniert, dass der Lachs, der im Atlantik oder Pazifik lebt, in der Laichzeit einen Fluss hinauf, also gegen den Strom schwimmt und dabei sogar kleine Wasserfälle überwindet. Das ist vermutlich auch der Grund dafür, dass er ein so festes Fleisch hat. Sein Geschmack lässt unzählige Variationen im Bereich der Beilagen und Soßen zu.

1768

„... UND TRITT BESCHEIDEN AUF"
Familienessen nach der Gesellenprüfung

Unweit der Familie des Brauereibesitzers Clossmann wohnt der Holzhändler Johann Adam Christmann, seines Zeichens außerdem Küfer und Bierbrauer. Er hat so seine Sorgen. Vor wenigen Tagen hat er einer Mannheimer Kirche eine Fuhre Holz geliefert, doch der Pfarrer musste ihm das Geld schuldig bleiben: die Kollekte war gestohlen worden. Doch daheim entschädigt ihn für diesen Ärger sein Sohn Johann Philipp mit einem guten Zeugnis. Philipp hat in Worms vor der „Weinkieffer und Bierbrauerzunft" die Gesellenprüfung als Weinküfer abgelegt. In dem prächtigen, mit Siegel geschmückten Gesellenbrief aus Pergament wird ihm am 27. Juni 1768 bescheinigt, dass er sein Handwerk versteht „und bescheiden auftritt". Die Wormser Zunftmeister empfehlen ihm, „nachdem die angesetzte Lehrzeit zu Ende gelaufen, sey er mit Gott entschlossen, sich in die Fremde zu begeben." Die Wanderjahre enden jedenfalls wieder in Mannheim. Einige Zeit später wird Philipp die Tochter Magdalena des Brauereibesitzers Clossmann heiraten, die dann die Herrschaft in der Küche übernimmt und eine exzellente Köchin wird. War Magdalena „eine gute Partie", eine Heirat, die finanziell etwas einbrachte? Man darf es annehmen. Die Familie Clossmann hat weit verzweigte Geschäftsbeziehungen im Bier- und Weinhandel, die bis nach Bordeaux und – wie man munkelt – bis in die Neue Welt reichen. Aber auch Philipp Christmann wird nicht nur fremde und eigene Fässer bauen, sondern bald auch mit seinem Sohn eigene Weinberge auf der anderen Seite des Rheins bewirtschaften und mit Wein handeln.

Doch davon ahnt der junge Geselle noch nichts. Nach dem aufregenden Prüfungstag in Worms hat er zunächst einmal einfach nur Hunger. Das hat seine Mutter erwartet, sie hat ein gutes Essen zubereitet.

Familienessen nach der Gesellenprüfung

Most Suppe
Lummelbraten
Meerrettig Mandel Sauce
Gebackene Knöpfcher

Zubereitung nach Art von Magdalena

Most Suppe: Man nimmt ein paar Eiergelb, rührt sie mit ein wenig Mehl, einem Schoppen süßen Rahm, schüttet ein halb Maas Most dazu, läßt es unter beständigem Rühren kochen, und richtet es dann über würfelig geschnittenem Weisbrod an.

Lummelbraten: Man nimmt das Stück vom Ochsen oder Hasen, häutelt es ordentlich und spickt es wie einen Hasen, legt es über Nacht in Eßig und Gewürz und Salz, des Morgens setze es, wenn möglich, auf Kohlenfeuer und läßt es dämpfen, und träufelt es öfters, damit es fertig wird. Wenn es weich ist, macht man folgende Sauce daran: Man wascht eine Sardelle sauber, schneidet sie würfelig, thut sie in die Sauce, wo sich der Braten selbst gezogen hat, dann drei bis vier Eßlöffel voll sauren Rahm, nebst einigen Scheiben Zitrone, und läßt es auf Kohlen kochen. Nota bene: Es ist dabei zu bemerken, daß auch Kohlen auf den Deckel kommen und der Braten einig Male mit Zitronensaft geträufelt werden muß, auf nehmliche Art werden sie auch mit Hasch gemacht, nur nicht gespickt.

Meerrettig Mandel Sauce: Für vier Personen reibt man zwei Loth Mandeln, stößt sie ganz fein, thut eine Meßerspize Mehl dazu, rühret einen halben Schoppen Milch daran, und läßt es unter beständigem Rühren kochen. Dann thut man den geriebenen Meerrettig dazu, ein Stücklein Butter daran, und läßt ihn ein paar Walle aufkochen.

Gebackene Knöpfcher: Die Kartoffeln werden roh geschält, darnach gesotten, doch so, daß sie nicht zerfallen. Wenn sie aus dem Waßer und kalt sind, reibt man sie auf dem Reibeißen, thut sie in eine tiefe Schüßel. So viel es große Kartoffeln gewesen sind, so viel Eier werden daran geschlagen, die Maße muß ganz leicht sein, man thut Salz und Muskatnuß daran, und backt sie in Schmalz gelb.

ZUBEREITUNG NACH ART VON TRISTAN BRANDT

RINDERRÜCKEN MIT AUBERGINE UND PILZCREME

Rinderrücken: Die Steaks mit Salz und Pfeffer würzen, in Öl scharf anbraten und bei 180°C (Kerntemperatur 54°C) 4 Minuten im Ofen garen.

Rindersoße: Rinderabschnitte mit dem Gemüse scharf anbraten und mit Madeira und rotem Portwein ablöschen. Stark reduzieren bis die Masse zu karamellisieren beginnt. Danach mit Kalbsgrundfond auffüllen und einkochen bis nur noch ¼ der Flüssigkeit vorhanden ist. Die Soße durch ein Sieb passieren und mit Mondamin binden.

Aubergine mit Shitakepilzen: Aubergine schälen und in 4 gleich große Rechtecke schneiden, in Reismehl mehlieren und in 180°C heißem Öl goldgelb ausbacken. Pilze in Öl anbraten, mit Salz und Pfeffer würzen und mit Sojasoße ablöschen. Die in Form geschnittenen Auberginen hinzufügen, Sojasoße leicht reduzieren und die kalte Butter in kleinen Flöckchen dazugeben bis die Sojasoße andickt. Auberginen und Pilze mit der reduzierten Sojasoße glasieren. Danach Sesam und Liebstöckel über Auberginen und Pilze streuen.

Pfifferlingscreme: Pfifferlinge in Öl anschwitzen und mit Sahne ablöschen. Unter Rühren reduzieren, mit Salz und Pfeffer abschmecken und mit Butter zu einer glatten Masse mixen.

Kimizu: Alle Zutaten auf dem Wasserbad aufschlagen und auf 80°C erhitzen bis eine feste Masse entsteht. Kühl stellen und im kalten Zustand ein weiteres Mal mixen.

Rettichravioli: Rettich sehr fein aufschneiden und mit einem Ring ausstechen. Zucker, Wasser und Balsamico zusammen aufkochen, über den Rettich geben und 15 Minuten abgedeckt ziehen lassen. Rettichscheiben abtupfen und mittig einen Punkt Kimizu aufspritzen und zu pyramidenförmigen Ravioli falten.

Anrichten: Die Pfifferlingscreme auf den Teller spritzen und mit einem Kaffeelöffel in 2 Tränen ziehen. 2 Punkte Kimizu in die Tränen spritzen. Ravioli mit der Aubergine und den Pilzen auf den Teller setzen und das Fleisch in gleich große Stücke schneiden und anrichten. Die Rindersoße aufkochen und angießen.

Zutaten für 4 Personen

Rinderrücken
› 4 Rinderrückensteaks à 100 g
› Pflanzenöl
› Salz, Pfeffer

Rindersoße
› 200 g Rinderabschnitte
› ½ Karotte
› 1 Stange Staudensellerie
› 10 Schalotten
› 500 ml roter Portwein
› 300 ml Madeira
› Mondamin
› 3 l Kalbsgrundfond

Aubergine mit Shitakepilzen
› 1 Viola Aubergine
› 50 g Reismehl
› 20 Stück Mini-Shitake
› 500 ml Pflanzenöl, zum Frittieren
› Salz, Pfeffer
› 100 ml Sojasoße
› 50 g Butter
› 1 TL weißer Sesam, geröstet
› 5 Blätter Liebstöckel, gehackt

Pfifferlingscreme
› 200 g Pfifferlinge, geputzt
› Pflanzenöl
› 70 ml Sahne
› Salz, Pfeffer
› 20 g Butter

Kimizu
› 200 g Eigelb
› 20 ml Reisessig
› 8 ml Yuzusaft
› 20 g Mirin
› Meersalz

Rettichravioli
› 1 Stück dicker Rettich, 7 cm lang
› 50 g Zucker
› 50 ml Wasser
› 50 ml weißer Balsamico

Was hat Tristan Brandt zu seinem Rezept inspiriert?

Der Lummelbraten ist eine Rinderlende, das Feinste vom Feinen. Hierzulande denkt man bei dem Wort Lummel vielleicht zuerst an Lunge – aber damit hat es ganz und gar nichts zu tun. In Süddeutschland und in der Schweiz kennt man den Lummelbraten heute noch unter diesem Namen, der Basler Lummelbraten ist für unsere Nachbarn im Süden ein fester Begriff. Ich greife lieber zum Rinderrücken, den ich als ein besonders saftiges Stück Fleisch schätze.

1777

DER KURFÜRST IST FORT

Menu am Silvesterabend

Die Nachricht vom Tod des Münchener Vetters hat den Kurfürsten während der Silvesterandacht des Jahres 1777 erreicht: Noch in der gleichen Nacht verlässt Carl Theodor das Mannheimer Schloss, um nach Bayern zu reisen und die Erbschaft des kinderlosen Vetters anzutreten. Die lange verfeindeten Linien der bayerischen und der pfälzischen Wittelsbacher hatten sich einige Jahre zuvor in Erbverträgen die gegenseitige Erbfolge zugesichert. Darin war vereinbart: Wenn der bayerische Kurfürst stirbt, muss München die Residenzstadt bleiben. Der Erbfall tritt völlig überraschend ein. Mit dem frühen Tod des erst 50-jährigen bayerischen Kurfürsten Maximilian Joseph hat niemand gerechnet. Die Nachricht von der plötzlichen Abreise Carl Theodors verbreitet sich in Mannheim noch in der Nacht wie ein Lauffeuer. Die Bürger sind besorgt: Was bedeutet die Erbschaft? Einen Zuwachs an Macht und Ruhm für den Fürsten – oder für Mannheim das Gegenteil? Was nimmt der Fürst mit nach München, was verbleibt in seiner Stadt? Etwa die Hälfte der Einwohnerschaft Mannheims steht im Hof- und Staatsdienst. Ahnt die kurpfälzische Haupt- und Residenzstadt, dass ihre glanzvollsten Jahre enden?

In den Bürgerhäusern in Mannheim ist man aufgeregt. Da macht auch das Haus Christmann keine Ausnahme. Magdalena Clossmann und Philipp Christmann haben kürzlich geheiratet. Es ist Silvesterabend, und Magdalena bereitet zum ersten Mal das Essen für den letzten Tag des Jahres vor – sie will die Gespräche der Männer jetzt nicht verfolgen, sie muss in die Küche und an ihr Essen denken. Die Schwiegereltern kommen, und Magdalena will zeigen, was sie kann.

Menu am Silvesterabend

Krebs Suppe
Sauerkraut mit Hecht
Schnepfen
Gebackene Knöpfcher von Kartoffeln
Zitronen Creme

Zubereitung nach Art von Magdalena

Krebs Suppe: Für acht Personen nimmt man fünfzig Krebse, sie werden mit Salzwaßer gesotten, dann gepuzt, besonders muß die Galle sauber davon kommen, hernach zieht man die Schwänze heraus, das Andere stoßt man wohl recht fein, thut alsdann ein gut Stück frischen Butter in einen Hafen, röstet es mit einem geweichten Milchbrod recht gelb, thut hernach gute Fleischbrühe daran, läßt sie recht kochen, dann schöppt man den Krebsbutter ab, zu den Schwänzen rührt sechs Eiergelb daran, hernach treibt man die Suppe durch einen Seiher, thut nach Proportion gebähte Schnieten hinein, und den Krebsbutter nebst den Schwänzen oben drauf. Es können alle Arten Knöpfcher dazu gemacht werden.

Sauerkraut mit Hecht: Man machet das Sauerkraut auf gewöhnliche Art zurecht, für sechs Personen nimmt man ein und ein halb Pfund Hecht, thut in einen Hafen ein viertel Pfund frischen Butter, ein viertel Pfund gesäuberte Sardellen, zwei Schalotten, ein Loth Salz, läßt dieses alles mit dem Hecht dämpfen. Wenn er weich ist, nimmt man ihn heraus, säubert ihn sorgfältig von den Gräten, hernach treibt man die Sauce durch einen Seiher, dann bestreut man den Boden von einer zinnernen Platte mit ein wenig Weckmehl, macht ein Gelag Sauerkraut darauf, dann ein Gelag Hecht, und ein wenig Sauce von dem Hecht, worunter aber noch saurer Rahm gerührt werden muß, und so macht man es, bis die Platte voll ist. Dann streut man Weckmehl darauf, und ein Stück frischen Butter dazu, und läßt es aufziehen, bis das Weckmehl gelb ist.

Schnepfen: Auf diese Art werden sie meist nur, wenn sie alt sind, zugerichtet. Wenn das Eingeweide aus zwei gerupften Schnepfen heraus genommen ist, wascht man sie vom äußeren, reibt sie mit Salz, Pfeffer und Näglein ein, steckt den Schnabel vorne in den Hals, zwickt sie schön auf, streut sie außen mit Salz, Pfeffer und Näglein und etwas Mehl und Butter in einen Hafen, dämpft die Schnepfen darin gelb, gießt den Butter wieder ab, thut zwei kleine Gläser Wein, ein Löffel Fleischbrühe, ein Lorbeerblatt und etliche Scheiben Zitrone daran, deckt sie zu, alsdann nimmt man das Eingeweide nebst den zuvor gereinigten Mägen auf ein Brett, ein paar Schalotten, Zwiebel, Knoblauch, ein wenig Zitronenschale, ein klein Stück Speck dazu, hackt es zusammen klein, röstet zwei Kochlöffel voll Mehl in Butter gelb, dämpft das Gehackte darin, thut alles an die Sauce der Schnepfen, und sezt solche auf schwache Kohlen, daß sie nicht anhängen. Wenn sie weich sind und die Sauce nicht zu dünn ist, wird sie angerichtet. Feldhühner werden auf eben dieselbe Art zugerichtet, nur wird, weil ihr Eingeweide nicht zu brauchen ist, das Herz und die Lunge zu dem Übrigen gehackt. Auch kann zu übrig gebliebenen gebratenen wilden Enten oder sonst Geflügel eine solche Sauce gemacht werden. Schnepfen und Feldhühner werden auf diese Art zubereitet, in Pasteten gefüllt.

Gebackene Knöpfcher von Kartoffeln: Die Kartoffeln werden roh geschält, darnach gesotten, doch so, daß sie nicht zerfallen. Wenn sie aus dem Waßer und kalt sind, reibt man sie auf dem Reibeißen, thut sie in eine tiefe Schüßel. So viel es große Kartoffeln gewesen sind, so viel Eier werden daran geschlagen, die Maße muß ganz leicht sein, man thut Salz und Muskatnuß daran, und backt sie in Schmalz gelb.

Zitronen Creme: Das Gelbe von vier Zitronen wird an Zucker abgerieben, zehn Eiergelb daran geschlagen, ein und ein halb Schoppen guten Weins und soviel Zucker, bis es seine rechte Süße hat. Verrühret es auf dem Feuer wohl mit einander, bis es kocht, wenn es anfängt dicklich zu werden, thut man es vom Feuer weg, treibt es durch ein Haarsieb und gießt es in einen Humpen. Man kann es kalt oder warm geben.

ZUBEREITUNG NACH ART VON TRISTAN BRANDT

REBHUHN MIT ARTISCHOCKE UND TOMATE

Rebhuhn: Die Rebhuhnbrüste auf der Hautseite in etwas Öl knusprig braten, wenden, bei 150°C für 8 Minuten im Ofen garen und anschließend bei 58°C ruhen lassen. In Butter arrosieren und anschließend die Hautseite knusprig braten (62°C Kerntemperatur).

Artischockensud: Die Schalotten, Karotte und den Sellerie schälen und in daumengroße Würfel schneiden. Alles in Öl anschwitzen, bis das Gemüse weich ist. Die Artischockenblätter dazugeben und ebenfalls anschwitzen, bis sie zusammengefallen sind. Koriandersaat in einer Pfanne rösten, bis er angenehm riecht und anschließend zu dem Gemüse in den Topf geben. Tomate, Ingwer und Zitronengras kleinschneiden und ebenfalls in den Topf geben. Mit Alkohol (Noilly Prat, Madeira und Weißwein) ablöschen und 10 Minuten köcheln lassen, bis der Alkohol zur Hälfte reduziert ist. Den Geflügelfond dazugeben und ebenfalls um die Hälfte reduzieren lassen, passieren und mit Butter und Olivenöl aufmontieren. Mit Salz, Pfeffer und Zucker abschmecken.

Gelbe Linsencreme mit Ochsenmark: Linsen in Geflügelfond weichkochen und im Thermomix mit Ras el Hanout und dem Ochsenmark zu einer Creme mixen. Mit Salz und Pfeffer abschmecken und passieren.

Tomatengel: Tomatensaft mit Agar-Agar und Gellan aufkochen, mit Salz und Zucker abschmecken, nach dem Gelieren glatt mixen.

Artischockenchips: Artischocke schälen und von den feinen Haaren befreien. Artischockenboden dünn aufschneiden und in 130°C heißem Öl knusprig ausbacken.

Artischockenröllchen: Artischocken schälen und von den feinen Haaren befreien. Olivenöl in einen Topf geben und den Knoblauch und Thymian hinzufügen. Bei 80°C die Artischocken im Öl weich garen und anschließend herausnehmen und auskühlen lassen. Mit Hilfe eines Gemüsehobels dünn aufschneiden. Die feinen Scheiben mit der Linsencreme füllen und zu kleinen Röllchen aufdrehen.

Anrichten: Röllchen zickzackförmig auf dem Teller anrichten, 5 Gelpunkte aufspritzen, die Pistazien anlegen und den Teller mit den Artischockenchips, der schwarzen Walnuss und der Goa-Kresse garnieren. Die Rebhuhnbrust neben die Artischockenröllchen legen und reichlich Sud angießen.

Zutaten für 4 Personen

Rebhuhn
› 4 Rebhuhnbrüste
› 50 ml Pflanzenöl
› 100 g Butter

Artischockensud
› 5 Schalotten
› 1 Karotte
› ½ Knolle Sellerie
› gelbe Blätter von 4 Artischocken
› 10 g Koriandersaat
› 1 Tomate
› 25 g Ingwer
› 3 Stangen Zitronengras
› 150 ml Noilly Prat
› 75 ml Madeira
› 250 ml Weißwein
› 2 l Geflügelfond
› 50 g Butter
› 50 ml Olivenöl
› Salz, Pfeffer, Zucker

Gelbe Linsencreme mit Ochsenmark
› 500 g gelbe Linsen
› 1 l Geflügelfond
› 1 TL Ras el Hanout
› 100 g Ochsenmark, ausgelassen
› Salz, Pfeffer

Tomatengel
› 500 ml Tomatensaft
› je 5 g Agar-Agar und Gellan
› Salz, Zucker

Artischockenchips
› 1 Artischocke
› 200 ml Pflanzenöl

Artischockenröllchen
› 4 Artischocken
› 2,5 l Olivenöl
› 2 Zehen Knoblauch
› 4 Stängel Thymian

Anrichten
› 1 schwarze Walnuss
› 12 Pistazien
› 1 Schale Goa-Kresse

Was hat Tristan Brandt zu seinem Rezept inspiriert?

Schnepfen standen früher häufig auf dem Speiseplan. Dabei gilt die Schnepfenjagd als besonders schwierig, weil die Vögel im Zickzackflug schwer zu treffen sind. Ich sehe beim Einkauf heute keine Schnepfen mehr, daher habe ich das Rebhuhn gewählt, das der Gast in einem Restaurant nur selten bekommt. Es zeichnet sich durch einen feinen Geschmack aus. Man muss beim Braten sehr aufpassen, da das feine Gewebe schnell trocken wird. Daher ummantelt man das Rebhuhn auch gerne mit Speck. Da Rebhühner geschossen werden, ist es nicht ausgeschlossen, dass im Fleisch des Vogels noch eine Schrotkugel steckt.

Als Beilage habe ich die frische Artischocke gewählt, da sie das Rebhuhn ideal ergänzt und gerade für die Restaurantküche eine Herausforderung darstellt. Sie ist nicht leicht zu verarbeiten und erfordert viel Zeit. Dabei ist sie absolut eine kulinarische Delikatesse. Die frische Artischocke mit ihrem unverkennbaren, leicht nussigen Eigengeschmack ist mit der konservierten Artischocke im Glas nicht zu vergleichen. In südlichen Ländern ist sie schon lange geschätzt. Sie reiste im Mittelalter mit der Hochzeit der Caterina von Medici nach Frankreich, krönte dort die Speisenfolgen des Adels und kam schließlich nach der Französischen Revolution auch auf die Tische der Bürger. Weil die Artischocke heutzutage aufgrund des hohen Aufwandes kaum mehr verarbeitet wird, servieren wir sie umso lieber im Restaurant.

1782

„DIE RÄUBER" IN MANNHEIM
Imbiss vor dem Theaterbesuch

Ganz Mannheim spricht von dem neuen Theater, das der Kurfürst nach der Verlagerung seiner Residenz und dem Umzug des Hofes nach München den Bürgern hinterlassen hat. Das alte Zeughaus ist zum Theater umgebaut worden, zu einem „Teutschen Comödienhaus". Es soll zu einem neuen Anziehungspunkt der verwaisten Stadt werden und zu „einiger Nahrungsmitbeihülfe", wie es im kurfürstlichen Dekret heißt, beitragen. Das hofft der Kurfürst und das hoffen die vielen Bürger, die durch den Wegzug des kurfürstlichen Hofs ihren Arbeitsplatz verloren haben. Nun besitzt Mannheim das erste Stadttheater Deutschlands. Magdalena und ihr Ehemann Philipp Christmann haben das Theater bisher noch nicht besucht, aber sie haben viel davon gehört. Von den Kämpfen hinter den Kulissen wissen sie nur, was in der Zeitung steht. Das „Mannheimer Intelligenzblatt" hat berichtet, dass mit dem berühmten Gotthold Ephraim Lessing wochenlang um die Intendanz des Theaters verhandelt worden ist. Doch Lessing sei verärgert abgereist, weil er für eine Aufführung Eintritt bezahlen musste. Jetzt ist Wolfgang Heribert Freiherr von Dalberg der neue Intendant, der auf jedes Gehalt verzichtet und sogar seinen Platz im Theater selbst bezahlt. Dieser junge Intendant hat kürzlich ein revolutionäres Stück aufführen lassen, „Die Räuber" von einem Dichter namens Friedrich Schiller, der eigentlich Regimentsmedicus in Stuttgart ist und zur Uraufführung heimlich nach Mannheim gekommen ist.

Zur Aufführung dieses für die damaligen Verhältnisse außerordentlich gesellschaftskritischen Stücks gehört am Vorabend der Französischen Revolution einiger Mut. Schließlich regiert in Kurbayern und der Kurpfalz ein zwar aufgeklärter, aber doch immer noch absolutistischer Herrscher. Das Theater habe nach der Vorstellung einem Irrenhaus geglichen, schildern Zeitgenossen, Frauen seien in Ohnmacht gefallen, man habe vor Begeisterung nicht mehr ein noch aus gewusst. Der Arzt Franz Anton Mai bezeichnet das Schauspiel als „schauerliches Meisterstück, bei dem das Menschenblut erfrieren und die Nerven, sowohl bei Schauspieler als Zuschauer, erstarren müssen". Theaterwissenschaftler werden später schreiben, dass mit den „Räubern", Schillers Erstlingswerk, dem Theater die Funktion eines politischen Forums und einer moralischen Anstalt zugewachsen sei.

Philipp wäre zu gerne in „Die Räuber" gegangen. Aber Magdalena möchte ein lustiges Stück sehen. Was steht denn noch auf dem Theaterzettel des Jahres 1782? Sie entscheiden sich für „Geschwind, eh es jemand erfährt", das Lustspiel von dem Italiener Goldoni, mit dem das Theater vor Wochen eröffnet worden ist.

Vorher sollte man eine Kleinigkeit gegessen haben, entschied Magdalena.

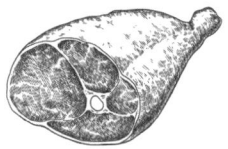

Imbiss vor dem Theaterbesuch

Schinken Begräbniß

Zubereitung nach Art von Magdalena

Schinken Begräbniß: Man macht einen Nudelteig, und davon einen Kuchen. Wenn er halb trocken ist, schneidet man kleine fingerbreite Nudeln daraus, siedet sie in Salzwaßer weich, flößt sie in frischem Waßer ab. Hernach nimmt man nach Proportion Schinken, und ein paar von Gräten gereinigte Sardellen, hackt es fein, hernach bestreicht man eine Auflaufform mit Butter, und thut eine Lage Nudeln, eine Lage von dem gehackten Schinken und ein wenig saurem Rahm in dieselbe, hernach wieder eine Lage Nudeln, dann wieder von dem gehackten Schinken usw. und fährt fort, bis die Form voll ist, thut ein Stücklein Butter oben drauf, nebst einem Deckel mit Kohlen, und läßt es aufziehen, darnach giebt man es gleich mit der Form zu Tisch.

ZUBEREITUNG NACH ART VON TRISTAN BRANDT

INTERPRETATION VON SCHINKEN UND LANGUSTE

Langusten: Das Langustenfleisch vorsichtig aus der Schale lösen und den Darm entfernen. Danach den Langustenschwanz auf einen Schaschlikspieß stecken, sodass er sich beim Braten nicht eindreht. Kurz vor dem Anrichten in einer Pfanne mit etwas Öl auf 38 °C Kerntemperatur braten und mit Salz würzen.

Schinkenschaum: Die Schalotten mit den Champignons leicht anschwitzen und Bacon, Schinken, Lorbeerblätter und Pfefferkörner hinzufügen. Alles für 2 Minuten auf mittlerer Hitze anschwitzen und mit Geflügelfond aufgießen. Den Fond um die Hälfte reduzieren und durch ein Sieb passieren. Den Schinkensud mit Butter aufmontieren und mit Salz und Pfeffer abschmecken. Vor dem Servieren mit einem Zauberstab aufschäumen.

Schnittlauchöl: Die Petersilienblätter von den Stängeln befreien, mit Schnittlauch und Öl in einen Thermomix geben und mit einer Prise Salz auf 60 °C auf höchster Stufe mixen. Das Öl direkt in eine Schüssel, die auf Eis liegt, geben und kalt rühren. Das fertige Öl durch ein Microsieb passieren. 4 Halme Schnittlauch auf 10 Zentimeter einkürzen, vierteln und in Eiswasser legen, sodass sie sich eindrehen.

Confierte Zitrone: Die Zitronenschale mit einem Sparschäler entfernen und in 3 Zentimeter lange Streifen schneiden – pro Teller werden 3 Streifen benötigt. Den Zucker mit dem Wasser aufkochen, die Zitronenzesten hinzufügen und solange auf kleiner Flamme köcheln, bis die Zesten weich sind.

Korallengitter: Wasser mit dem Mehl so vermengen, dass keine Klumpen entstehen. Das Öl und die Sepiatinte hinzufügen und verrühren. Anschließend die Masse in eine Pfanne geben und bei mittlerer Hitze ausbacken, bis das Wasser verdampft ist. Die Gitter vorsichtig aus der Pfanne nehmen und nach dem Auskühlen in die gewünschte Form brechen.

Anrichten: Den rohen Blumenkohl fein reiben und in einem Ring anrichten. Dann den Kaviar mit Hilfe von 2 Esslöffeln abnocken und auf den Blumenkohl setzen. Zitronenzesten und Schnittlauchringe auf dem Kaviar verteilen. Die Languste braten und neben den Kaviar setzen. Abschließend den Schinkenschaum angießen, das Schnittlauchöl hineinträufeln und das Korallengitter anlegen.

Zutaten für 4 Personen

Langusten
› 4 Stück Langusten
› Pflanzenöl
› Salz

Schinkenschaum
› 4 Schalotten, grob gewürfelt
› 6 Champignons, geviertelt
› 100 g Bacon
› 100 g Kochschinken
› 50 g Ibericoschinken
› 2 Lorbeerblätter
› 8 Pfefferkörner
› Pflanzenöl
› 2 l Geflügelfond
› 250 g Butter
› Salz, Pfeffer

Schnittlauchöl
› 5 Zweige Petersilie
› 100 g Bund Schnittlauch
› 300 ml Pflanzenöl
› Salz

Confierte Zitrone
› 1 Bio-Zitrone
› 150 ml Wasser
› 75 g Zucker

Korallengitter
› 120 ml Wasser
› 20 g Mehl
› 100 ml Pflanzenöl
› 5 g Sepiatinte

Anrichten
› 1 kleines Stück Blumenkohl
› 40 g Kaviar

Was hat Tristan Brandt zu seinem Rezept inspiriert?

Die Verbindung des edlen, ganz leicht marmorierten spanischen Ibericoschinkens mit der Languste, dieser Königin der Krustentiere, ist ein Geschmackserlebnis. Dazu trägt auch das Aroma der hellen Soße bei, die ich aus Schinkenabschnitten gewinne. Und die Soße bekommt der Languste, deren Fleisch ja meistens trockener ist als etwa das des Hummers. Das Ganze ist ein wunderbar leichtes Gericht, ideal für einen Imbiss vor dem Theaterbesuch.

1785

DAMALS HIESS ER RULÄNDER

Ein kleines Essen zu Hause

Magdalena hat eine Vorliebe für den Ruländer. Der steht so schön goldgelb im Glas, er ist weicher als die anderen Weine, er schmeckt ihr. Diesen Ruländer hat der Speyerer Johann Seger Ruland erst vor einiger Zeit in den Handel gebracht. Er entdeckte in einem verwilderten Speyerer Garten, den er gekauft hatte, ein paar Rebstöcke mit eigenartiger Beerenfarbe. Welcher Pfälzer wird da nicht neugierig? Herr Ruland erkannte den Anbauwert seiner Rebstöcke, zog sie auf, vermehrte sie und kelterte die Traube. Der Wein gefiel, und der Name Ruländer wurde in der Pfalz und darüber hinaus geläufig. Erst Jahrzehnte später wird erkannt, dass die Ruländer-Rebe identisch ist mit einer Rebsorte, die andernorts Tokajer oder Pinot Gris heißt und die heute als Grauer Burgunder viele Freunde hat. Ungeklärt ist, wie die alten Rebstöcke des Herrn Ruländer in die Pfalz kamen.

In früheren Zeiten war dem Weinliebhaber die Herkunft des Weines wichtiger als die Rebsorte. Da rätselten schon Theologen und Literaten, ob der „Reinfal"-Wein, den Martin Luther schätzte, vielleicht ein Rheinwein war? Von der Rebsorte war im Hause Luther nicht die Rede. Doch allmählich setzte sich die Bedeutung der Sorte durch. Die Pfälzer Kurfürsten schrieben den Winzerdörfern vor, welche Rebsorten angebaut werden durften. Sehr schnell gehörte der Ruländer zu den empfohlenen Sorten.

Manche Rebsorten verschwinden, manche tauchen wieder auf. Alte, noch immer bekannte Namen sind Muskateller oder Gutedel. Aber wer kennt heute noch den Gänsfüßer, einst die Pfälzer Hausrebe? Wer spricht noch vom Räuschling, vom Ortlieber, vom Hammelshoden, vom Harthengst, vom Putzscheer? Der Gelbe Orleans dagegen ist in der Pfalz wieder zu haben. Die Traube ist so sauer, dass die Winzer sie einst an die äußerste Rebzeile pflanzten, um die Spaziergänger vom Traubenschmaus abzuhalten. Jetzt hat sie als sehr trockener und lange haltbarer Wein wieder Liebhaber gefunden.

Magdalena denkt nicht lange nach, welchen Wein sie zu diesem Anlass aus dem Keller holt. Sie hat das Sagen bei der Weinwahl, also gibt es ein Glas Ruländer bei Philipp und Magdalena Christmann.

Ein kleines Essen zu Hause

Haschee Pastete
Zimmet Waffeln

Zubereitung nach Art von Magdalena

Haschee Pastete: Man nimmt zwei Pfund mageres Kalbfleisch von einem guten Stück, zwei Pfund Schweinefleisch, zwei Pfund Ochsenfleisch, schneidet das Fett rein davon ab, und das Fleisch zu zwei fingerbreite und fingerlange Stücklein, beizt sie ein paar Tage in Eßig, und giebt Gewürz dazu. Alsdann macht man von einem Pfund Mehl, einem halben Pfund Butter, zwei Eier, einem halben Schoppen Waßer einen geriebenen Butterteig. Zur Fasch nimmt man zwei Pfund mageres Kalbfleisch, drei achtel Pfund Speck, vier Loth Kapern, vier Loth Sardellen, die Schale und das Mark von einer Zitrone, eine Zwiebel, ein paar Schalotten, dieses haut man zu einer feinen Fasch, alsdann thue Salz, Muskatnuß, etwas gute Näglein daran, menge es untereinander. Wergle den Teig der Länge nach aus, schneide wie einen kleinen Laib Brod einen Boden aus, lege ein Gelag Fasch darauf, nach dem von jeder Sorte ein Stücklein Fleisch, mit dem Bemerken aber, daß das Fleisch nicht von einer Sorte aufeinander zu liegen kommt, man fährt alsdann so fort zu legen, bis die Fasch und das Fleisch alle ist, aber oben drauf muß Fasch sein. Bestreiche den Teig neben herum mit einem Ei, und von dem übrig gebliebenen Teig einen Deckel darauf. Hebe den Boden auf jeder Seite in die Höhe, schlage den Teig wohl an, mache mit einem Backröllchen zwei fingerbreite Riemen, lege sie gegeneinander auf den Deckel, mache in die Mitte drei Öffnungen, damit der Dampf hinaus kann, bestreiche sie als dann mit einem Ei, mache einen zwei fingerbreiten Rand von Papier neben herum, daß sie nicht zerfällt, muß aber zwei Stunden im Backofen bleiben. Wenn sie kalt ist, wird der papierne Rand los gemacht, die Gelee darein gegoßen. So bald sie fest ist, kann sie gebraucht werden, wenn man sie aufschneidet, wird sie in Scheiben geschnitten.

Zimmet Waffeln: Man nimmt ein halbes Pfund Zucker, vier Eier, ein viertel Pfund Butter, die fein geschnittene Schale von einer halben Zitrone, zwei Loth gestoßenem Zimmet, und Mehl, was es annimmt, bis es zu einem steifen Teig wird. Wenn das Eißen heiß ist, thut man den Teig nußgroß hinein und backt sie.

ZUBEREITUNG NACH ART VON TRISTAN BRANDT

MANNHEIMER QUADRATE

Gewürzmischung: Alle Zutaten zu einem Pulver zermahlen.

Teig: Zucker und Butter verkneten, nach und nach das Mehl und die Gewürzmischung einarbeiten, bis ein glatter Teig entsteht. Für mindestens 60 Minuten kühl stellen. Empfehlenswert: Bereits am Vortag den Teig vorbereiten. Den Teig dünn ausrollen und in 4 Zentimeter große Quadrate schneiden. Auf ein Backpapier geben und im Ofen bei 160°C Umluft für ca. 6 Minuten backen.

Johannisbeercreme: Alle Zutaten in eine Küchenmaschine geben und mit einem Knethaken behutsam für 20 Minuten rühren.

Schokoladencrémeux: Milch und Sahne aufkochen. Eigelb und Zucker vermischen, zur Sahne geben und auf 83°C zur Rose abziehen. Kuvertüre in die heiße Masse mixen und kühl stellen.

Baiser: Eiweiß mit einer Prise Salz aufschlagen, Zucker mit der Vanille langsam einrieseln lassen und währenddessen die Masse steif schlagen.

Anrichten: Auf ein Quadrat einen Rahmen aus Schokoladencrémeux spritzen, mit der Johannisbeercreme auffüllen und ein weiteres Quadrat aufsetzen. Obenauf eine spitze Baiserhaube spritzen und mit Hilfe eines Bunsenbrenners eine Seite des Baisers abflämmen. In die Ecken 4 Punkte Schokoladencrémeux setzen und 4 Johannisbeeren darauf plazieren.

Zutaten für 4 Personen

Gewürzmischung
› 2 Kapseln Kardamon
› 1 g getrockneter Ingwer
› 2 g Zimt
› 1 Nelke

Teig
› 150 g brauner Zucker
› 300 g Butter
› 450 g Mehl

Johannisbeercreme
› 500 g Johannisbeeren
› 500 g brauner Zucker
› Saft einer Zitrone
› 4 cl Cassis Likör

Schokoladencrémeux
› 125 ml Milch
› 125 ml Sahne
› 2 Eigelb
› 40 g Zucker
› 125 g Bitterkuvertüre (70%)

Baiser
› 3 Eiweiß
› Salz
› 100 g Rohrzucker
› 1 Msp. Vanillepulver (Bourbon)

Was hat Tristan Brandt zu seinem Rezept inspiriert?

Die Mannheimer Quadrate – als ich zum ersten Mal nach Mannheim kam, war ich verwirrt wie wohl jeder Neuankömmling, der zwar das Alphabet kennt, aber keine Ahnung hat, was die Mannheimer damit angestellt haben. Aber wenn man dieses System der Stadteinteilung begriffen hat, ist es sehr sinnvoll. Ich verstehe, dass sich diese Bezeichnungen über die Jahrhunderte hinweg erhalten haben – zumal ich selbst auch einmal in den Mannheimer Quadraten gewohnt habe. Magdalena hat Zimtwaffeln gebacken. Wir backen einen Mürbeteig, formen ihn zum Quadrat, aromatisieren ihn mit interessanten Gewürzen und, wer es mag, mit einem Schuss „Mannemer Kandelwasser".

1794

FREIHEIT! GLEICHHEIT! BRÜDERLICHKEIT!

Französische Besatzung und schmale Kost

Liberté! Égalité! Fraternité! Die französischen Revolutionstruppen fallen in die Kurpfalz ein. Wer kann, flieht über den Rhein in das befestigte Mannheim, so auch die großen Dürkheimer Familien. In Mannheim wohnen Verwandte, bei denen man unterkommen kann. In den Winzerhäusern links des Rheins verbleibt, wer kein Ausweichquartier hat. Die Pfälzer sind zahllosen Plünderungen und Forderungen der Truppen ausgesetzt. Im nahen Ungstein geht der bis heute aufbewahrte Befehl des Agenten Dumoulin ein, der vom französischen Nationalkonvent „mit der Ausleerung der Pfalz" beauftragt ist: Innerhalb von drei Stunden seien 1500 Franken in bar, 100 Paar Schuhe, 200 Hemden und alle im Ort befindlichen Stiefel zu liefern – andernfalls drohe militärische Gewalt.

In Dürkheim arbeitet, so gut er das unter den bedrohlichen Verhältnissen kann, der Verwalter Herr de Beaufort. Er und das ihm anvertraute Haus, in dessen Torbogen die Jahreszahl 1785 eingraviert ist, sind der Plünderung und Einquartierung durch eine List entkommen. Der Herr de Beaufort hat am Dürkheimer Gutshaus die Kokarde, das Abzeichen der französischen Revolutionäre, angebracht und ist den Eindringlingen in bestem Französisch entgegen getreten: „… man werde doch nicht einem Landsmann schaden wollen?!" Der Trick hat funktioniert. Das Haus bleibt verschont – aber wovon soll man leben? Herr de Beaufort schreibt am zweiten März 1794 an die Herrschaft in Mannheim in einem heute noch erhaltenen Brief: „Mein lieber Herr Wohltäter! Ich hoffe, dass der Brief Sie noch bei bester Gesundheit antreffen wird. Was mich, meine Frau, meine Tochter und Schwägerin betrifft, so muss ich Ihnen leider mitteilen, dass wir uns in größtem Elend und Verzweiflung befinden. Wir haben weder Brot, noch Holz, noch Geld. Ich berufe mich auf Ihre Güte und bitte Sie, mir in meiner bedauernswerten Lage beizustehen …"

Ja, wie soll das geschehen? Wie soll man aus dem zunächst neutral gebliebenen Mannheim über den Rhein hinüber Geld oder Lebensmittel auf das von Franzosen besetzte andere Ufer schaffen?

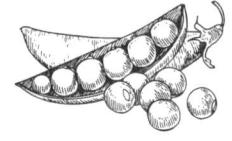

Französische Besatzung und schmale Kost

Brockelerbsen Suppe
Ordinairer Dampfnudelteig

Zubereitung nach Art von Magdalena

Brockelerbsen Suppe: Zu vier Personen nimmt man ein Maß Brockelerbsen, thut ein Stück frischen Butter in einen Hafen, dämpft etwas Petersilien nebst den Brockelerbsen darein, gießt hernach gute Fleischbrühe daran, läßt sie weich kochen, verrührt dann vier Eiergelb mit einem viertel Schoppen süßem Rahm, zieht dies mit der Suppe ab, und richtet sie über gebähten Schnieten an.

Ordinairer Dampfnudelteig: Zu drei Pfund Mehl nimmt man einen Schoppen laue Milch, sechs Eßlöffel voll Bierhefe, rühret es an, thut ein wenig Mehl darüber, und läßt es gehen, bis es springt. Darnach machet man den Teig, nimmt noch einen Schoppen laue Milch, ein Ei, drei Loth Salz, zwei Loth Zucker und wenn man will auch ein Stück frischen Butter, dieses wird alles untereinander geschaft, bis der Teig Blasen bekommt, dann thut man ihn auf ein Brett, würckt ihn und macht Dampfnudel daraus, nimmt einen Dampfnudelhafen, thut einen Schoppen Waßer, einen halben Schoppen Milch und ein Stück Butter hinein, wann es kocht und die Dampfnudeln gegangen sind, sezt man sie hinein und läßt sie drei viertel Stunden kochen, dann thut man sie anrichten.

ZUBEREITUNG NACH ART VON TRISTAN BRANDT

MANNHEIMER DAMPFNUDEL

Vorteig: Die Milch leicht erwärmen, die Hefe und den Zucker in der Milch auflösen und das Mehl einrühren. Den Teig 15 Minuten gehen lassen.

Teig: Die restlichen Zutaten per Hand in den Vorteig einarbeiten und zu einer glatten Kugel formen. Diese in eine Schüssel geben, mit einem Handtuch abdecken und für 45 Minuten gehen lassen. Danach den Teig zu 12 gleichmäßigen Kugeln formen und diese – wieder mit einem Handtuch abgedeckt – weitere 30 Minuten gehen lassen.

Sirup: Die Pfanne mit der Butter ausfetten und Sahne und Zucker darin auflösen.

Fertigstellung: Die aufgegangenen Dampfnudeln in die Pfanne zu dem Sirup geben und abgedeckt auf höchster Stufe 2 Minuten lang aufkochen. Weitere 10 Minuten auf geringster Stufe fertig garen. Um zu vermeiden, dass die Dampfnudeln zusammenfallen, den Deckel während der Garzeit nicht öffnen.

Rezept für 12 Dampfnudeln

Vorteig
› 150 ml lauwarme Milch
› 30 g Hefe
› 80 g Zucker
› 50 g Mehl

Teig
› 450 g Mehl
› 100 ml Milch
› 40 g handwarme Butter
› 1 Ei
› Salz

Sirup
› 20 g Butter
› 125 ml Sahne
› 1 EL Zucker

Was hat Tristan Brandt zu seinem Rezept inspiriert?

Dampfnudeln mit Vanillesoße sind ein Lieblingsgericht vieler Pfälzer. Dieses Gericht habe ich erst in Mannheim kennengelernt. Inzwischen weiß ich: Es gibt Dampfnudeln mit salziger und mit süßer Kruste. Bei der süßen Variante sollte man darauf achten, ob sie noch karamellisiert oder schon angebrannt ist. Magdalena schreibt von ordinairen, also von gewöhnlichen Dampfnudeln. Ich wollte nun eine extra-ordinaire, eine ungewöhnliche Dampfnudel kreieren: die Mannheimer Dampfnudel.

1798

DIE PFALZ WIRD FRANZÖSISCH

Essen im Département du Mont-Tonnerre

Napoleon hat die besetzten linksrheinischen Gebiete in das französische Kaiserreich eingegliedert. Die Dürkheimer leben nun im Arrondissement de Spire, das früher Speyer hieß und zum Département du Mont-Tonnerre gehört. Den Namen Mont-Tonnerre hat Frankreich dem Donnersberg entlehnt, dem höchsten Berg – sofern man ihn mit seinen fast 700 Metern so bezeichnen will – im Pfälzerwald. Die heutige Pfalz und Rheinhessen gehören zu dem neuen französischen Département, sein Verwaltungssitz ist in Mayence, dem früheren Mainz. Der Rhein ist jetzt eine Grenze. Man kommt nicht mehr so leicht hinüber nach Mannheim. Die Pfälzer Bauern pflanzen jetzt vermehrt Tabak an, wovon es mehr als genug im rechtsrheinischen Teil der Kurpfalz gibt – der aber jetzt kaum mehr erreichbar ist.

Französische Redewendungen kennt Magdalena seit Kindertagen, auch am kurpfälzischen Hof in Mannheim sprach man die Sprache der großen Welt. Jetzt aber dringt das französische Sprachgut weiter vor. Aus dem Waschbecken wird das Lavabo, aus dem Regenschirm der Parapluie, aus dem Gehsteig das Trottoir. Was die französischen Offiziere den Pfälzer Mädchen zurufen „Visitez ma tente!", "Besucht mein Zelt", bleibt auch noch nach ihrem Abzug im Sprachgebrauch. Mancher Vater hat noch lange nach der Franzosenzeit seiner Tochter, die abends einen jungen Mann treffen wollte, nachgerufen: „Mach mer bloß kei Fissimatente!" Die Tochter wusste genau, was er meinte …

Nach den Tagen der Besetzung genießen die Pfälzer nun als französische Bürger die Realität von Freiheit, Gleichheit und Brüderlichkeit. Im Département du Mont-Tonnerre des Jahres 1798 ist der Kirchenbesitz beschlagnahmt. Der Adel hat seine Privilegien verloren, es gibt keine Feudalabgaben mehr. Doch an ihre Stelle sind Steuern getreten, hohe Steuern. Napoleon braucht Geld für seine Kriege. Die Männer der Pfalz unterliegen jetzt der französischen Wehrpflicht. Sie müssen mitziehen in den eisigen russischen Feldzug Napoleons. Viele verlieren dort ihr Leben.

Magdalena kennt manches fremdländische Rezept aus der Residenzstadt Mannheim – manche neuen Rezepte kommen jetzt dazu. Sie kocht eine Suppe à la Reine, sie brät Bœuf à la mode, sie bereitet Fricandeau vom Kalbfleisch, Ragoulette vom Kalbshirn oder auch ein Omelette Soufflé zu. Heute soll es einen Boudin geben.

Essen im Département du Mont-Tonnerre

Türkischer Boudin

Zubereitung nach Art von Magdalena

Türkischer Boudin: Man schneidet zwei halbe Weck in Scheiben, ein Stücklein frischen Butter dazu, gießt ein Schoppen Milch darüber, deckt es zu, daß es weich wird. Dann legt man einen Hecht von uhngefähr drei viertel Pfund auf den Rost, wenn sich das Fleisch los läßt, werden die Gräten recht sauber heraus genommen, und der Hecht in Stücke gezupft. Dann werden Schalotten, Petersilien, ein achtel Pfund Mark vom Rind, für drei Kreuzer Kapern, etwas Mark von einer Zitrone und würfelig geschnittene Zitronenschalen recht fein gehackt, thut hernach Näglein, Muskatnuß, Salz und ein wenig Pfeffer dazu, vermengt alles durcheinander, nebst fünf Eiergelb, das Weiße wird zu Schnee geschlagen und auch dazu gethan. Eine Serviette, wie ein Suppenteller groß, mit Butter bestreichen und Weißmehl darauf gestreut, dann die Maße hinein geschüttet und recht zugebunden, in einen Hafen mit kochendem Waßer gethan. Wenn er eine Stunde gekocht hat, nimmt man ihn heraus, bindet ihn auf, läßt ihn ein wenig erkalten. Dann schneidet man ihn in Scheiben, legt ihn auf eine zinnerne Platte und folgende Sauce darüber: Vier paar Kalbsmilcher (Kalbsbries) und zwei paar Ohren werden abgekocht, dann thue ein Stück frischen Butter in einen Hafen, und dämpfe einige Stücker Zellerie und Schalotten, dann die Milcher und die Ohren, die zuvor in Stücke geschnitten, dazu, fülle mit Fleischbrühe auf und thue gut Gewürz, nebst einer starken handvoll Weißmehl und einige Scheiben Zitrone daran. Wenn es nicht dick genug ist, thue noch Weißmehl daran, richte dann die Sauce über den geschnittenen Boudin an, und laße es auf der Kohlpfanne mit einem Tortendeckel aufziehen.

ZUBEREITUNG NACH ART VON TRISTAN BRANDT

BOUILLABAISSE

Fisch: Die Austern ausbrechen und säubern. Vor dem Anrichten die Austern für 2 Minuten in einem Bambuskorb dämpfen. Den Langustenschwanz ausbrechen und in Scheiben schneiden, salzen und vor dem Anrichten in einer Pfanne mit der Butter auf 38°C Kerntemperatur braten. Das Rotbarbenfilet in 4 gleich große Stücke schneiden, salzen und ebenfalls vor dem Anrichten mit Butter auf 38°C Kerntemperatur braten.

Dashisoße: Die Dashi mit dem Sake und dem Mirin um die Hälfte reduzieren. Meereskopfsalat hinzugeben und für 30 Minuten abgedeckt ziehen lassen. Danach die Masse durch ein Sieb passieren. Die Butter einmontieren und aufkochen, anschließend mit Salz abschmecken.

Umeboshicreme: Umeboshipflaumen mit Hilfe des Messerrückens zu einer Creme glattstreichen und in einen Spritzbeutel geben.

Anrichten: Den Fisch auf den Teller legen und kleine Punkte Umeboshicreme darauf dressieren. Dashisoße angießen und die Algen anlegen.

Zutaten für 4 Personen

Fisch
› 4 Austern
› 1 Langustenschwanz
› Salz
› 30 g Butter
› 1 Rotbarbenfilet

Dashisoße
› 500 g Dashi
› 200 g Sake
› 50 g Mirin
› 40 g Meereskopfsalat
› 150 g Butter
› Salz

Umeboshicreme
› 4 Umeboshipflaumen, entkernt und geschält

Anrichten
› Algen (Tosaka, Meeresträubchen, Codium, Hijiki)

Was hat Tristan Brandt zu seinem Rezept inspiriert?

Wir kennen in der Küche den Boudin noir als Blutwurst und den Boudin blanc als Weißwurst, aber die ursprüngliche Bedeutung für das Wort Boudin ist Wulst oder Strang. Mit der französischen Blutwurst ist dieser Boudin nun ganz und gar nicht vergleichbar. Magdalena hat in ihrem Rezept, ähnlich wie beispielsweise beim Serviettenknödel, eine Fischmasse mit vielen Gewürzen, die sie vielleicht als orientalisch empfunden hat, in ein Tuch gerollt und erhitzt. Statt Hecht hat sie wohl manchmal auch andere Fischsorten oder Fischabfälle verwendet. Das hat mich auf die Idee gebracht, eine Bouillabaisse zu kreieren – diese traditionelle französische Fischsuppe war ursprünglich ein Resteessen der armen Leute, das nach und nach verfeinert wurde. Heute ist die Bouillabaisse ein Gericht, bei dem ein Koch seine Fantasien für Fisch und Gemüse nur so sprudeln lassen kann. Der Individualität sind keine Grenzen gesetzt – die Bouillabaisse ist einfach ein tolles Essen.

1806

KIRCHENGUT IST ZU ERSTEIGERN

Abendessen nach der Versteigerung

Auf zur Versteigerung nach Mainz! Genauer gesagt: nach Mayence, wie es jetzt heißt. Die Pfalz ist französisch, und die Besitzverhältnisse ändern sich dramatisch. Was bisher den geistlichen und weltlichen Herren gehört hat, können jetzt nach der von Napoleon angeordneten Säkularisierung des Feudalbesitzes die Bürger ersteigern. Der kleine Mann in der Pfalz besaß bisher kaum eigenen Grund und Boden – besitzmächtig waren der Fürstbischof von Speyer, der Fürstpropst von Weißenburg oder die Grafen von Leiningen. Im kleinen Dorf Ungstein neben Dürkheim befinden sich um 1790 nur fünf Prozent der Häuser in Privathand, die übrigen 95 Prozent teilen sich 14 Herrschaften.

Wer steigern will, braucht Geld. Aber manchmal siegen auch List und Schläue. Die Pfälzer Legende weiß vom Schreiber des Grafen, der bei eisigem Winterwetter den Schmied des Ortes abends zu sich einlud, ihn reichlich bewirtete, um frühmorgens gemeinsam mit ihm und den frisch beschlagenen Pferden zur Versteigerung zu reiten. Die übrigen Dorfbewohner konnten keinen Schmied finden, der ihre Pferde winterfest beschlug, sodass der Schreiber der erfolgreiche einzige Steigerer blieb. So legte er angeblich den Grundstein für den Grundbesitz eines großen Weinguts.

In manch einem Pfälzer Gut geht der Grundbesitz auf die Versteigerungen aus napoleonischer Zeit zurück. Die Zehntkeller des Bischofs von Speyer kommen in bürgerliche Hand, die Weinberge wechseln den Besitzer. Von dieser Vergangenheit berichten heute noch die Namen vieler Weinlagen – beispielsweise Nonnengarten, Kirchenstück, Herrgottsacker, Hochmess, Heilig Kreuz.

Bei gottlob sommerlicher Temperatur steigert der Dürkheimer Müller Johann Peter Wernz 1806 in Mainz die Lage Abtsfronhof, die er später seiner Tochter Lisette zur Hochzeit mit Magdalenas Sohn Balthasar als Heiratsgut schenken wird. Riesling und Gewürztraminer wachsen heute auf dem Dürkheimer Abtsfronhof, eine der interessantesten Lagen des Weinguts Fitz-Ritter. Magdalena ist hoch zufrieden. Die Familie hat gut gesteigert.

Abendessen nach der Versteigerung

Nudel Suppe, faschiert
Ochsenfleisch, gut zu sieden
Meerrettig Sauce in Milch

Zubereitung nach Art von Magdalena

Nudel Suppe, faschiert: Man macht einen Teig mit ein paar Eiern und ein Stück frischen Butter, daß es ein ganz dicker Teig giebt, macht eine gute Farsch von übrig gebliebenem Fleisch, egal, was man für Fleisch hat, hackt es fein, ein wenig Petersilien, thu ein Stücklein Butter in ein Hafen, laße den Petersilien darin anziehen, thue das Gehackte nebst ein wenig Muskatnuß, etwas Salz, ein wenig gute Fleischbrühe daran, laße es ein wenig mit einander aufkochen, alsdann stelle es hinweg, laße es verkühlen. Welchere den Nudelteig auseinander, streiche deinen Farsch darauf. Hernach rolle ihn auf, wickle ihn in ein Tuch und binde ihn mit einem Bindfaden, mache Waßer kochend, thu ein wenig Salz hinein, laße ihn eine halbe Stunde kochen. Dann lege ihn auf ein Brett, mache das Tuch herunter, schneide ihn in nicht zu dünne Scheiben, daß sie nicht zerfallen, und lege sie in eine Suppenschüßel, gieße gute Fleischbrühe darauf, auch etwas Muskatnuß, ziehe sie mit süßem Rahm und ein paar Eiern ab, so ist sie fertig.

Ochsenfleisch, gut zu sieden: Das Fleisch wird, von welchem Stück es auch sei, geklopft und mit kaltem Waßer beigesetzt. Wenn es anfängt zu sieden fleißig abgeschäumt, bis es recht gereiniget ist, dann salzt man es, thut von allen Arten Wurzeln daran, und läßt es immer langsam kochen. Ist die Brühe fett, so wird sie abgeschöpft. Auf diese Art bekommt man nicht nur ein gutes Fleisch, sondern auch eine gute Brühe, welche zu Suppe und Saucen kräftig ist.

Meerrettig Sauce in Milch: Sobald der Meerrettig gehörig gerieben ist, thut man ihn in einen Hafen, ein Stück frischen Butter, ein Kochlöffel voll Mehl, vier Loth geschälte und fein gestoßene Mandeln dazu und rührt dies alles mit kalter Milch zuerst glatt. Das Übrige wird mit siedender Milch angerührt, bis es eine gehörige Dicke hat, ein Stücklein Butter darein gethan, und wenn der Meerrettig gekocht hat, gleich angerichtet, das lange Kochen macht, damit er gerinnt.

ZUBEREITUNG NACH ART VON TRISTAN BRANDT

OCHSENFLEISCH ASIATISCH

Ochsenbrust: Die Brust von beiden Seiten salzen und pfeffern, scharf anbraten und in einem Beutel vakuumieren. Bei 70°C Hitze im Ofen für 12 Stunden garen.

Rinderdashi: Rinderknochen bei 235°C im Ofen für 35 Minuten rösten und in einen Topf geben. Die restlichen Zutaten hinzufügen, einmal aufkochen und den entstandenen Schaum mit einer Kelle abschöpfen. Die Brühe für 2 Stunden bei 80°C ziehen lassen, durch ein Sieb passieren und um die Hälfte reduzieren lassen. Abschließend mit Salz und Zucker abschmecken.

Ochsenmarkespuma: Alle Zutaten bis auf das Ochsenmark in einen Messbecher geben, das Mark auf 60°C erhitzen und langsam in die Eimasse einmontieren. Mit Salz abschmecken und in eine Espumaflasche füllen, diese mit 2 Patronen laden und bei 60°C warmhalten.

Buchenpilze und Pak Choi: Alle Zutaten bis auf Butter, Pak Choi-Blätter und Pilze einmal aufkochen. Die Pilzköpfe in ein Einmachglas geben und mit dem heißen Fond übergießen, das Glas direkt verschließen und für 20 Minuten ziehen lassen. Die Pak Choi-Blätter mit etwas Öl in einer Pfanne anbraten, die Pilze mit der Hälfte des Fonds hinzufügen und das Ganze mit Butter glasieren.

Rettichsalat: Die Zutaten bis auf den Rettich einmal aufkochen. Den Rettich in ein Einmachglas geben, mit dem heißen Fond übergießen, das Glas direkt verschließen und für 20 Minuten ziehen lassen.

Anrichten: Das Fleisch in dünne Scheiben schneiden und ringförmig anrichten. Die restlichen Zutaten auf dem Fleisch drapieren und den frischen Meerrettich mit einer Microreibe darüber hobeln. Ochsenmarkespuma in die Mitte des Rings spritzen, den Sud aufkochen und angießen.

Zutaten für 4 Personen

Ochsenbrust
› 1 kg Ochsenbrust
› Salz, Pfeffer

Rinderdashi
› 1 kg Rinderknochen
› 1,5 l Wasser
› 50 g Kombu
› 40 g Bonito
› 10 g Ingwer
› 2 Stangen Zitronengras
› 2 Kaffir Limonenblätter
› 50 g Ponzu
› 10 ml helle Sojasoße
› Salz, Zucker

Ochsenmarkespuma
› 200 g Ochsenmark, ausgelassen
› 1 Eigelb
› 20 ml Rinderjus
› 20 ml Reisessig
› 25 g helle Miso
› 1 Msp. Xanthan
› Salz

Buchenpilze und Pak Choi
› 40 Buchenpilzköpfe
› 50 ml dunkle Sojasoße
› 50 ml Reisessig
› 50 g Mirin
› 50 g Zucker
› 12 Baby Pak Choi-Blätter
› Pflanzenöl
› Butter

Rettichsalat
› 100 g Rettich, in feine Streifen geschnitten
› 50 ml weißer Balsamico
› 50 ml Wasser
› 50 g Zucker

Anrichten
› 1 TL Schnittlauch, fein geschnitten
› Pimpinelle
› Daikon-Kresse
› Toona Sinensis-Kresse
› Meerrettich, daumengroß

Was hat Tristan Brandt zu seinem Rezept inspiriert?

Ich verwende am liebsten ein Stück aus der Ochsenschulter. Warum soll ein Fleisch aus deutscher Zucht nicht einmal mit fremden Gewürzen aromatisiert werden? Die asiatischen Gewürze dazu habe ich in Shanghai kennen und schätzen gelernt, wo ich in Stefan Stillers Restaurant gearbeitet habe. Seit diesem Blick hinter die Kulissen der asiatischen Küche kann ich die hundert Sorten Curry, Pfeffer und Soja endlich unterscheiden. Damals war ich unentwegt auf den Märkten in dieser riesigen Stadt unterwegs und habe sprichwörtlich pikante Informationen gesammelt. Die Gewürze für unsere Restaurants beziehen wir direkt aus Asien, bevorzugt aus Shanghai.

1806

DER HEIRATSMARKT DER PFALZ

Einkehr beim Wurstmarkt in der „Todelade"

Hochbetrieb während des Dürkheimer Wurstmarktes! Manchmal heißt er noch Michaelismarkt, aber allmählich setzt sich der andere, der neue Name durch. Dieser Markt ist nicht nur ein Volksfest – er spiegelt Leben und Geschichte der Pfalz. Als im Mittelalter immer mehr Wallfahrer am Namenstag des heiligen Michael zur Michaelskapelle zogen, boten die Bauern und Winzer den Pilgern Brot, Wein und Wurst an. Händler aus der Umgebung kamen dazu, um Kleidung, Gebrauchsgegenstände oder Vieh zu verkaufen. Immer mehr Menschen besuchten den Markt, Handwerker wie Kessler, Sattler, Schuhmacher und Drechsler boten dort ihre Dienste an. Ein Marktzoll wurde erhoben, über den die geistlichen und weltlichen Herren des Landstrichs in Streit gerieten. Immerhin besuchten zu Magdalenas Zeiten täglich 12.000 Pfälzer das inzwischen auf drei Tage angewachsene Markttreiben. Schausteller und Musikanten stellten sich ein, politische Reden wurden gehalten. Nach dem Hambacher Fest 1832 geriet der Wurstmarkt unter polizeiliche Aufsicht – die Regierung fürchtete neue Unruhen. Die Pläne für eine neue Kundgebung waren weit gediehen, doch die Rebellen schreckten in letzter Minute angesichts der Staatsmacht vor der Ausführung zurück. Der Wurstmarkt wuchs weiter. Doch noch ahnte niemand, dass er einmal als größtes Weinfest der Welt Jahr für Jahr mehr als 600.000 Besucher anziehen würde.

Daran war anno 1806 nicht zu denken. Doch auch zu Magdalenas Zeiten herrschte am Michaelismarkt Hochbetrieb in den Dürkheimer Gassen – Hochbetrieb auch beim Wirt Sauerbeck in der „Todelade", dem Heiratsmarkt der Pfalz. Diesen ungebührlichen Namen haben die derben Pfälzer dem großen Gastraum des Wirts verpasst, dessen merkwürdig gewölbtes Dach doch einem Sargdeckel, einer Totenlade, ähnelt. Dabei geht es dort alles andere als trist und trostlos zu. Beim Wirt Sauerbeck begegnen sich die Söhne und Töchter der Pfalz. An den Markttagen treffen ganze Wagen, mit grünen Zweigen geschmückt, aus anderen Ortschaften der Pfalz in Dürkheim ein und entladen ihre Fracht in Richtung „Todelade". Man isst und trinkt, man lässt die Freiheit hochleben und manchmal auch Amerika, wohin so viele ausgewandert sind oder noch auswandern wollen. Väter und Mütter mischen sich ins Marktgeschehen, Söhne und Töchter wechseln Blicke und Worte, und alle kommen wieder zurück zum Sauerbeck. Die gute Stimmung steigt, und so entwickeln sich die Dinge, wie sie sich entwickeln sollen.

Auch Magdalena besucht mit Sohn Balthasar die „Todelade". Sie unterhält sich gern mit dem Wirt Sauerbeck, und Balthasar schaut sich nach den jungen Mädchen um. Sie bestellt den gepressten Schweinskopf, den es heute beim Sauerbeck gibt. An Tagen wie diesen reicht der Wirt nur ein einziges Gericht, das in großen Mengen zubereitet wird, ausreichend für viele hungrige Gäste. Magdalena prüft aufmerksam den Sauerbeck'schen Schweinskopf und fragt sich: Ist der nun besser als der nach meinem Rezept?

Einkehr beim Wurstmarkt in der „Todelade"

Gepreßter Schweinskopf

Zubereitung nach Art von Magdalena

Gepreßter Schweinskopf: Man nimmt sechs Pfund Kalbfleisch, neun Pfund Bratwurstfleisch, ein Pfund Schinken fein gehackt, zwei Pfund Schweinefleisch ein wenig abgekocht, dann auch fein geschnitten, die Schale von einer Zitrone, ein handvoll Schalotten fein geschnitten, ein halbes Loth feine Näglein, ein halbes Loth Muskatnuß. Für zwei Loth Pfeffer, Salz nach Gutdünken, dieses alles wohl untereinander geschafft. Nach dem nimmt man die Haut von dem Schweinskopf und füllt ihn recht fest, dann nimmt man eine Schweinsblase, steckt ihn hinein, bindet ihn mit einer Serviette recht fest zu, daß er nicht verspringen kann. Dann thut man ihn zu der Gelee, kocht ihn zwölf Stunden, legt ihn auf ein Brett, die Serviette und die Blase davon weg gemacht, dann gießt man solche Gelee darüber. Man nimmt einen Hafen nach Proportion, ob man viel oder wenig machen will, zu einer Maas Gelee nimmt man ein Pfund Schüfleisch, zwei Kalbsfüße, zwei Schweinsfüße, ein Maas Eßig, ein Maas Wein, ein halbes Maas Waßer, ein paar Lorbeerblätter, ein halbes Loth ganze Näglein, ein halbes Loth Pfeffer, ein handvoll Salz, vier gelbe Rüben, eine halbe Zitrone, zwanzig Schalotten dazu, bindt es in eine Serviette, läßt es vier Stund kochen, dann paßiert man es durch einen Seiher in einen langen Hafen, stellt es in den Keller, bis es gestanden ist. Darnach schöpft man das Fett davon, läßt es kochen, und wenn es kocht, klärt man es. Zu einem Maas Gelee nimmt man fünf Eierweiß, schlägt sie zu Schnee, hernach läßt man es ein wenig stehen, bis es sich sezet, läßt es durch eine Serviette und Fliespapier laufen, so ist sie fertig. Man kann alles Wilde und Geflügel in Gelee sezen.

ZUBEREITUNG NACH ART VON TRISTAN BRANDT

KALBSZUNGE

Pökelfond: Das Wasser mit dem Salz auf 80 °C erhitzen, bis sich das Salz aufgelöst hat. Die Salzlake abkühlen lassen und die restlichen Zutaten hinzufügen.

Zunge: Die Zunge abwaschen, in ein verschließbares Behältnis legen und mit dem Pökelfond vollständig bedecken. Den verschlossenen Behälter für eine Woche im Kühlschrank lagern. Die Zunge mit dem Pökelfond in einen Topf geben, mit Wasser auffüllen, bis sie bedeckt ist. Bei kleiner Flamme köcheln lassen, bis die Zunge gegart ist. Abgekühlte Zunge quer halbieren und der Länge nach in dünne Scheiben schneiden und zu kleinen Röllchen drehen.

Zwiebelfond: Zwiebeln mit etwas Butter im Topf karamellisieren, den Weißwein und den Rinderfond dazugeben und langsam köcheln lassen, bis die Flüssigkeit zur Hälfte reduziert ist. Zwiebeln durch ein Sieb passieren und so lange weiter reduzieren, bis sich ein kräftiges Zwiebelaroma entfaltet. Abschließend mit Salz abschmecken.

Champagnervinaigrette: Alle Zutaten in einer Schüssel verrühren und abgedeckt 24 Stunden bei Raumtemperatur ziehen lassen und anschließend passieren.

Salat von Radieschen und Romanasalat: Romanasalatherzen in feine Streifen schneiden, Radieschen halbieren und beides mit der Vinaigrette marinieren und mit Salz abschmecken.

Sautierter Salat: Romanasalatherzen und Tomaten in feine Streifen schneiden, die Butter in einer Pfanne erhitzen, Knoblauch, Schalotten, Pancetta und die Tomaten dazugeben. Alles anschwitzen, bis die Schalotten einen leichten braunen Ton angenommen haben. Danach den Romanasalat kurz in der Pfanne durchschwenken und mit Salz und Pfeffer abschmecken.

Röstzwiebeln: Zwiebel in feine Ringe schneiden und in Öl goldgelb frittieren.

Anrichten: Die Kalbszungenröllchen mittig auf den Teller legen, den warmen Salat hinzufügen, die Zwiebelringe drapieren, den Meerrettich mit einer Microreibe darüber raspeln und den Zwiebelfond angießen. Abschließend Brunnen-Kresse und Tagetes-Blüten anlegen.

Zutaten für 4 Personen

Pökelfond
› 1 l Wasser
› 50 g Pökelsalz, 20 g Salz
› ½ Karotte, ½ Metzgerzwiebel
› 1 Stange Staudensellerie, ¼ Stange Lauch
› 2 Lorbeerblätter, 5 Wacholderbeeren
› 1 EL weiße Pfefferkörner

Zunge
› 1 l Pökelfond
› 1 Kalbszunge

Zwiebelfond
› 2 kg Zwiebeln, in Streifen geschnitten
› Butter
› 2 l trockener Weißwein, 1 l Rinderfond
› Salz

Champagnervinaigrette
› 40 ml Champagneressig
› 45 ml weißer Portwein
› je 10 ml Haselnussöl und Walnussöl
› 60 ml Distelöl
› 1 Lorbeerblatt und 1 Zweig Thymian
› 1 Schalotte, 1 Stk. Piment
› 10 g Salz

Salat von Radieschen und Romanasalat
› 2 Romanasalatherzen
› 1 Bund Mini-Radieschen
› Salz

Sautierter Salat
› 2 Romanasalatherzen
› 3 getrocknete Tomaten
› 20 g Butter
› 1 Knoblauchzehe
› 1 EL feine Schalottenwürfel
› 1 EL Pancettastreifen
› Salz, Pfeffer

Röstzwiebeln
› 1 französische Zwiebel
› 200 ml Pflanzenöl, zum Frittieren

Anrichten
› Meerrettich, Brunnen-Kresse
› Tagetes-Blüten

Was hat Tristan Brandt zu seinem Rezept inspiriert?

Ich setze mich gerne dafür ein, dass in der Küche nicht nur Premiumstücke verwendet werden. Es gibt Nebenstücke, die man zu großartigen Gerichten verarbeiten kann – allerdings meist mit größerem Arbeitsaufwand. Kalbskopf zum Beispiel war schon früher als ausgezeichnetes Ragout bekannt. Kalbszunge, die kalt als Delikatesse gilt, ergibt auch warm ein schönes Gericht. Auch Kalbsbries ist alles andere als nur Krankenkost.

Bei diesen Nebenstücken, aber nicht nur bei ihnen, spielt die Zwiebel eine bedeutende Rolle. Dieses Gemüse, scharf und gesund, ist aus den Küchen der Welt nicht wegzudenken. Bei der Vielfalt an Form und Farbe der Zwiebel – man denke nur an die weiße und rote Zwiebel, die Metzgerzwiebel, die Perlzwiebel – reizt den Koch auch die Optik. Er kann seiner Kreativität freien Lauf lassen. Die Zwiebel ist in der Zubereitung ein Tausendsassa, sie begleitet fast jedes gebratene Fleisch und aromatisiert zahllose Salate. In Frankreich ist die Zwiebelsuppe ein Traditionsgericht.

Die Zwiebel ist seit 5000 Jahren bekannt, hat eine große Geschichte und wurde im Mittelalter als Amulett gegen die Pest getragen. Im alten Ägypten war sie Opfergabe und Zahlungsmittel – angeblich lagen Zwiebelreste im Grab des Tutanchamun. Tagtäglich verwendet, ist sie alles andere als eine unscheinbare Zutat. Da liegt es nahe, gerade die vernachlässigte Kalbszunge mit einer außergewöhnlichen Zwiebel-Zubereitung zu adeln.

1807

JUNGE BRAUT IN ALTEM KLEID

Hochzeit im Weingut

Alle Verwandten und die Nachbarn sind eingeladen, das Haus ist festlich geschmückt. Der Brautvater, Weingutsbesitzer und inzwischen Bürgermeister von Dürkheim, hat die besten Weine ausgesucht, und auch die Speisekarte kann sich sehen lassen. Magdalena betrachtet die strahlende junge Braut im Hochzeitskleid – ihre Schwiegertochter Lisette. Schon sie trug bei ihrer Hochzeit anno 1779 über dem lachsroten Unterkleid dieses prachtvolle weiße Kleid, das über und über mit Trauben und Weinlaub bestickt ist. Den edlen Seidenjacquard hatte damals als Hochzeitsgeschenk der Onkel Johann Georg Clossmann aus Bordeaux geschickt, jener französischen Stadt, in der die Familie einen bedeutenden Weinhandel aufgebaut hat. Die stoffreichen Kleider jener Zeit sind teuer, man hatte nur wenige davon im Schrank, oftmals nur eines für den Werktag, eines für den Sonntag. Das wertvolle Brautkleid im Familienbesitz ist für die heutige Hochzeit umgearbeitet worden. Nun trägt es die Schwiegertochter Elisabetha, genannt Lisette. Noch eine dritte Braut wird es Jahre später am Hochzeitstag tragen.

Das Menu für dieses Hochzeitsessen hat Magdalena zusammengestellt.

Junge Braut in altem Kleid · 111

Hochzeit im Weingut

Spargel Suppe
Saure Pastete
Gespickter Hecht
Wilde Ente à la top
Artischoken in Zitronen Sauce
Compott von Apricosen

Spargel Suppe: Kleine grüne Spargeln, soweit sie grün und nicht hart sind, werden zu kleinen Stücklein gebrochen, und mit siedendem Salzwaßer beigesezt, wie ein weiches Ei gesotten, nach diesem läßt man in einem Hafen oder Kaßeroll ein Stücklein Butter vergehen, thut die Spargel nebst ein wenig Petersilien dazu, streut eine Meßerspize voll Mehl darüber, dämpft dies ein wenig, gießt dann gute Fleischbrühe daran, und läßt es bis zum Anrichten kochen. Hernach rühre zwei Eiergelb mit zwei Eßlöffel voll süßen Rahm, ziehe dies mit Spargel Sauce ab und richte die Suppe über gebähte Schnieten an.

Saure Pastete: Man nimmt drei bis vier Pfund Ochsenfleisch von der Noth oder Schwanzstück, schneidet es in Portionen und spickt es mit fein geschnittenem Speck, legt es in einen Hafen, Zwiebel, Schalotten und Lorbeerblätter, eine Scheibe Zitrone, Salz, Pfeffer, Näglein und ein Stück Brodrinde daran, gieße Eßig darüber und laß es auf Kohlen recht weich dämpfen, paßire die Sauce durch einen Seiher, alsdann thue die Sauce nebst einem Loth Kapern, Pignolen, einem Loth Morgeln und einem Loth in Wein gesottene Trüffeln wieder daran. Hernach schneidet man von einem verfertigten Butterteig einen Boden aus, legt neben herum einen zwei fingerbreiten Rand, alsdann thut man geriebenes Fliespapier oder eine Serviette hinein, macht einen ausgeschnittenen Deckel darüber, und bestreicht sie neben herum mit Ei, legt einen Rand darum, schneidet sie nebenherum in Schuppen, und backe sie bei frischer Hize. Wenn sie gebacken ist, schneidet man sie auf, nimmt das Papier oder die Serviette heraus, legt das Fleisch hinein, gießt die Sauce darüber, legt den Deckel oben darauf, und giebt sie warm zu Tisch.

Zubereitung nach Art von Magdalena

Gespickter Hecht: Ein Hecht, nachdem er groß ist, von zwei bis drei Pfund, puzt man, nimmt ihn aus und häutelt ihn, und spickt ihn mit Sardellen, thut ein gut Stück Butter in einen Hafen, Schalotten und Zwiebeln hinein, dann grätet man drei bis vier Sardellen sauber aus, schneidet sie klein, und läßt sie mit dem Hecht sieden, bis er weich ist. Dann nimmt man ihn behutsam heraus, daß er nicht zerfällt, thut dann ein wenig Weckmehl, Zitronenscheibe, Muskatnuß, ein halbes Glas Wein, ein wenig Fleischbrühe daran, läßt es noch ein wenig kochen, und paßiert dann die Sauce über den Hecht. Man kann ihn auch als Entermet geben.

Wilde Ente à la top: Für vier Personen nimmt man eine wilde Ente, rupfet, puzet und wascht sie sauber, zahmt sie schön auf, legt sie in einen Hafen, thut ein achtel Pfund Speck, ein halbes Loth Pomeranzenschale, eine Scheibe Zitrone, ein Lorbeerblatt, gute Näglein, ein wenig Thimian, einige Schalotten, ein paar Zwiebeln daran. Dieses läßt man so ein wenig dämpfen, hernach wird die Ente herausgenommen, im Mehl herumgewälzt, und wieder hinein gelegt, und schön gelb gebraten. Alsdann thut man ein und ein halb Kochlöffel Mehl, einen halben Schoppen Wein, einen viertel Schoppen Eßig, einen Schoppen Fleischbrühe daran, und weich gekocht. Dann nimmt man sie heraus, paßiert die Sauce durch einen Seiher, gießt sie wieder hinein, thut noch zwei Loth Kapern, ein Loth Pignolen daran und läßt sie ein wenig aufkochen. Auf diese Art werden auch die Tauben à la top gemacht.

Artischoken in Zitronen Sauce: Von den Artischoken schneidet man den Stiehl ab, und schneidet sie mit dem Meßer durch, daß die Spizen alle abgefaßt werden, dann werden sie in Waßer gelegt, und auf einem hölzernen Teller oder Brett verkehrt ausgeklopft, daß nichts Unreines zwischen den Blättern bleibt, und dann in Salzwaßer so lange gekocht bis man ohne Mühe ein Blatt herausziehen kann. Dann gießt man das Waßer ab, legt sie in kaltes Waßer, zieht die innersten Blätter, derer sechs bis acht sind, auf einmal heraus, daß sie nicht zerfallen, und stellt sie bei Seite. Auf dem Käs des Artischokenbodens findet sich Haar, welches davon los geschält werden muß, dann thut man Salz und Muskatnuß auf den Käs, stellt die herausgenommenen Blätter hinein, sezt die Artischoken in einen Hafen, gießt ein Schöpplöffel voll heiße Fleischbrühe daran, läßt sie auf heißer Asche stehen, daß sie nicht kalt werden. Dann verknetet man ein Stücklein Butter in einem Hafen mit einem Kochlöffel voll Mehl, rührt es mit sechs Eiergelb, Muskatnuß, Salz, und dem Saft einer Zitrone untereinander, gießt einen Schöpplöffel voll gute Fleischbrühe daran, läßt es unter beständigem Rühren aufkochen. Nun sezt man die Artischoken auf eine Platte und gießet die Sauce darüber.

Compott von Apricosen: Die Apricosen müßen ganz reif sein. Soviel man zu einem Teller, oder kleinen Platte nöthig hat, bricht man entzwei, nimmt vier Loth, auch sechs Loth oder noch mehr Zucker in ein Kaßeroll, gießt ein Glas Waßer darüber, schäumt den Zucker ab, thut nach diesem klein geschnittene Zitronenschale darein, legt die Apricosen verkehrt in den Zucker, deckt sie zu und kocht sie schnell auf Kohlen. Sie sind gleich fertig. Wenn die Apricosen weich sind, werden sie auf einen Teller gelegt, die Steine derselben ausgeklopft, die Kerne geschält und klein geschnitten, in den Zucker, wo die Apricosen herausgenommen worden sind, gethan, und einen Augenblick mit aufgekocht. Hierauf wird es in die Compotte gegoßen und dieselbe kalt aufgestellt.

ZUBEREITUNG NACH ART VON TRISTAN BRANDT

KABELJAU MIT SÜSSKARTOFFEL UND KAFFEEÖL

Kabeljau: Den Kabeljau-Loin in 4 gleich große Stücke portionieren. Das Öl auf 52 °C erhitzen. Den Kabeljau salzen und für ca. 8 Minuten in das Öl geben. Vor dem Anrichten die Haut abziehen.

Süßkartoffeln: Die Süßkartoffeln schälen und in 2 Zentimeter dicke Scheiben schneiden, sodass insgesamt 8 gleich große Scheiben ausgestochen werden können. Alle Abschnitte und die restlichen Süßkartoffeln in ein ofenfestes Gefäß geben und salzen. Den Zucker und die Hälfte der braunen Butter hinzufügen. Mit Alufolie abdecken und im Ofen bei 200 °C für ca. 25 Minuten weich garen. Die gegarten Kartoffeln in einen Mixer geben und zu einem feinen Püree verarbeiten. Die restliche braune Butter auf 120 °C erhitzen und die ausgestochenen Kartoffelscheiben darin garen, bis sie weich sind.

Kaffeeöl: Pflanzenöl und Kaffeebohnen mit einer Prise Salz in einen kleinen Topf geben und auf 70 °C erhitzen. Mit dem Zauberstab alles kurz mixen und für 2 Stunden an einem warmen Ort ziehen lassen. Das Öl durch ein feines Tuch passieren.

Orangenchutney: Orangen schälen und filetieren, die Schalotten in etwas Öl weich dünsten, die Orangenfilets dazugeben und so lange einkochen, bis ein Chutney entsteht.

Anrichten: Den Kabeljau mittig auf dem Teller platzieren. Süßkartoffelscheiben links und rechts davon anlegen und das Püree tränenförmig anrichten. Aus dem Orangenchutney mit Hilfe von 2 kleinen Löffeln Nocken formen, auf dem Fisch anrichten und mit einem Blättchen Daikon-Kresse garnieren. Abschließend das Kaffeeöl angießen.

Zutaten für 4 Personen

Kabeljau
› 400 g Kabeljau-Loin
› 500 ml Pflanzenöl
› Salz

Süßkartoffeln
› 1,5 kg Süßkartoffeln
› 30 g brauner Zucker
› 350 g braune Butter
› Salz

Kaffeeöl
› 150 ml Pflanzenöl
› 80 g Kaffeebohnen
› Salz

Orangenchutney
› 3 Orangen
› ½ Schalotte, gewürfelt

Anrichten
› Daikon-Kresse

Was hat Tristan Brandt zu seinem Rezept inspiriert?

Den Hecht aus Magdalenas Menu wollte ich nicht wählen, da er zu viele Gräten und ein sehr weiches Fleisch hat. Will man Magdalenas Rezept nachkochen, sollte man aufpassen, dass der Hecht nicht zu fest wird. Der Kabeljau hingegen hat ein schönes Gewebe, die Lamellen lassen sich leicht abtrennen und man kann ihn mit den verschiedensten Zutaten servieren. Früher noch günstig zu erstehen und ohne hohen Stellenwert in der Küche, ist der Kabeljau heute aufgrund der hohen Nachfrage einer der beliebtesten Fische. Gerne kombiniere ich ihn mit erdigen Aromen: Süßkartoffel und Kaffeeöl – das ergibt eine wunderschöne Leichtigkeit.

1810

SCHOKOLADE UNTERM GINKGOBAUM

Die Dürkheimer Damen im Garten

Frau Magdalena Christmann lädt die Dürkheimer Damen zur Schokolade ein. Man sitzt im Garten unter der alten Eiche und bewundert den kleinen Ginkgobaum, der gerade gepflanzt worden ist. Wie kam der wohl in die Pfalz und nach Dürkheim? Es heißt, Seefahrer hätten den Tempelbaum mit dem zweilappigen Blatt um 1730 aus Fernost nach Europa gebracht. Im deutschen Südwesten wachsen einige dieser Bäume heran, die sehr alt werden können. Gar nicht so weit entfernt von Dürkheim, schreibt im Heidelberger Schlossgarten der große alte Goethe ein Gedicht auf den „Ginkgo biloba". In dessen zweigeteiltem Blatt sieht er ein Gleichnis für seine Seelenverwandtschaft mit Marianne von Willemer, seiner späten Liebe: „Sind es zwei, die sich erlesen / dass man sie als eines kennt? / fühlst Du nicht an meinen Liedern / dass ich eins und doppelt bin?" Der Ginkgo im Garten von Fitz-Ritter in Bad Dürkheim, wie die Stadt heute heißt, gilt als einer der ältesten Deutschlands.

Magdalena hat anno 1810 für den Besuch der Damen Kuchen gebacken, mehr als nur einen. Sie kennt ihre bevorzugten Backgewürze „Zimmet" und „Näglein", also Zimt und Nelken, nicht nur aus der eigenen Küche, sondern auch aus der kurfürstlichen Küche, aus der manches Rezept in Mannheim kursierte. Dazu reicht sie Schokolade. Dieses Getränk können sich nur die Wohlhabenden leisten, denn Kakao war teuer und außerdem ist Kaffee nicht jedermanns Sache. Magdalena kennt die Schokolade übrigens auch aus der Apotheke – dort wurde sie „zur Kräftigung" verkauft.

Die Dürkheimer Damen im Garten

Käs Törtchen
Kirschen Plozer
Scheiterhaufen
Frankenthaler Pfeffernüße

Zubereitung nach Art von Magdalena

Käs Törtchen: Zu einem halben weißen Käs nimmt man ein achtel Pfund weißen Zucker, ein viertel Loth Zimmet, und das Gelbe von einer halben Zitrone, eine baumnußgroße Butter, rührt dies alles untereinander, als denn ein Eßlöffel voll sauren Rahm, zwei ganze Eier und soviel Mehl dazu, als es annimmt, und macht es untereinander. Dann wergelt man den Teig aus, schneidet zwei Loth Butter darauf, schlägt ihn zusammen, wergelt ihn wieder wie einen Nudelteig aus, drückt Teigformen hinein, füllt alsdann die Form mit Käs, macht einen Deckel darauf, und stellt die Formen auf ein Blech und backt sie in heißem Ofen. Wenn sie gebacken sind, thut man sie aus den Formen heraus, und überstreut sie mit Zucker und Zimmet.

Kirschen Plozer: Für acht bis neun Personen nimmt man zwei Pfund Kirschen aus, reibt für fünf Kreuzer Milchbrod, gießt einen viertel Schoppen süße Milch darüber und läßt sie weichen, dann schlägt man acht Eier nach und nach daran, verrührt sie wohl, dann thut man Zucker, Zimmet, die ganz fein geschnittene Schale von einer Zitrone, drei ganz fein gestoßene Näglein, nimmt ein Aufzug Blech, bestreicht es stark mit Butter, streut es dick mit Weckmehl, dann thut man die Kirschen an die Maße, aber nicht eher, als er gleich gebacken werden kann, er muß eine halbe Stunde auf einen Dreifuß, wo unten und oben Kohlen sind, oder im Backofen gebacken werden, dann stürzt man ihn auf eine Platte, streut Zucker und Zimmet darüber, und giebt es als ein Entermet. Auf diese Art wird auch einer von Schwarzbrod gemacht, statt so viel Weck wird soviel Schwarzbrod genommen, nur wird das Schwarzbrod in Wein statt in Milch angefeucht, und mehr Gewürz genommen, das andere wird wie oben gemeldt, gemacht.

Scheiterhaufen: Für sechs Personen schneidet man zwei Milchbrod in Schnieten, verrührt acht Eier, legt sie hinein und läßt sie darin weichen, dann machet man ein Füllsel mit Zucker, Zimmet, einem achtel Pfund gestoßenen Mandeln, einem achtel Pfund kleine Rosinen, mengt es untereinander, macht in einer tiefen meßingnen Pfanne Schmalz heiß, legt von den eingeweichten Weckschnieten ein Gelag, und oben drauf wieder ein Gelag Füllsel, und fährt damit fort, bis die Pfanne voll und der Weck samt dem Füllsel all ist. Alsdann gießt man die Eier, die nicht in den Weck gedrungen sind, neben herum, stellt es auf Kohlen, und einen Deckel mit Kohlen oben drauf. Läßt es so lange stehen, bis es sich von der Pfanne los zieht dann legt man ihn auf ein Platte und überstreut ihn mit Zucker. – Man kann eine Wein oder sonst eine süße Sauce darüber machen, und giebt ihn dann warm zu Tisch.

Frankenthaler Pfeffernüße: Nimm ein halbes Pfund weißen Zucker, fein gestoßen und gesiebt, ein halbes Pfund Mehl, vier ganze Eier, von einer halben Zitrone die Schale fein geschnitten, drei viertel Loth fein gestoßenen Zimmet, ein wenig geriebene Muskatnuß. Dieses wird alles zusammen in eine Schüßel gethan, und recht durcheinander gearbeitet zu einem Teig. Nach dem thut man denselben auf ein Brodbrett, und schaffet ihn wohl, dann wergelt man ihn stark fingerdick aus, nach dem nimmt man seine Form und sticht Pfeffernüße daraus. Man nimmt ein Blech, wo in den Backofen geht, bestreut folgendes mit Mehl, und sezt die ausgestochenen Pfeffernüße darauf. Man läßt sie über Nacht in einem temperierten Zimmer stehen, hernach sieht man, ob sie ein weiß Häufgen gezogen haben, ist dieses, so nimmt man diese Pfeffernüße und thut solche umkehren, das heißt, was unten auf dem Blech war, muß oben auf zu stehen kommen, hernach nimmt man ein wenig Brandenwein, taucht den Finger in denselben, und thut jede Pfeffernuß dupfen. Hernach gebacken, sieht man, daß sie sich schöne Kronen geben, dann sind sie fertig.

ZUBEREITUNG NACH ART VON TRISTAN BRANDT

KIRSCHENPLOTZER

Die Milch in einem Topf erwärmen, über Brötchen, Zwieback und Brot geben und alles für 15 Minuten einweichen lassen. Währenddessen die Kirschen waschen und trockenlegen. Weiche Butter mit Vanillezucker, Zucker und 5 Eigelb mit einem Mixer aufschlagen. Sobald die Eimasse eine luftige Konsistenz hat, Mandeln, Zimt und den Rum dazugeben.

Die eingeweichte Brotmasse leicht ausdrücken, zu dem Teig geben und mit der Hand vermengen. Das Eiweiß mit einer Prise Salz steif schlagen und mit den Kirschen vorsichtig unter den Teig heben. Die Springform bis zum oberen Rand einfetten und den Ofen auf 180 °C Umluft vorheizen.

Die Backform mit dem Teig befüllen und für eine Stunde bei 180 °C im Ofen backen.

Mit einem Holzstäbchen eine Stechprobe vornehmen – bleibt beim Einstechen des Stäbchens in der Mitte des Kuchens kein Teig haften, so kann der Kuchen aus dem Ofen genommen werden.

Den Kuchen aus der Form lösen, erkalten lassen und abschließend mit Puderzucker bestäuben.

Für eine Springform von mindestens 24, besser 26 Zentimeter Durchmesser

› 500 ml lauwarme Milch
› 150 g altbackene Brötchen
› 50 g Zwieback
› 50 g altbackenes Weißbrot
› 800 g Kirschen, nicht entkernt
› 120 g weiche Butter
› 1 Packung Vanillezucker
› 250 g Zucker
› 5 Eier, getrennt
› 60 g gemahlene Mandeln
› 1 TL Zimt
› 3 EL brauner Rum
› Salz
› Puderzucker

Was hat Tristan Brandt zu seinem Rezept inspiriert?

Mich hat immer fasziniert, wie sich alte Gerichte im Laufe der Zeit verändern. Der Kirschenplotzer, den es ja nicht nur in der Pfalz gibt, sondern auch im Badischen und Schwäbischen, war wahrscheinlich anfangs eine Art Resteverwertung. Da konnten etwa die Reste vom sonntäglichen Hefezopf aufgebraucht werden. Das Brot wurde erst später, beispielsweise durch Zwieback, ersetzt.

Im Garten meiner Eltern steht bis heute ein großer Kirschbaum, von dem ich als Kind die Kirschen gepflückt habe. Daher resultiert meine Vorliebe für Kirschen – insbesondere für den gedeckten Kirschkuchen meiner Mutter. Er war und ist ein Traum. Nun, wer weiß, vielleicht backt sie demnächst nach meinem Rezept …

1819

BESUCH AUS MANNHEIM

Essen für die Verwandtschaft

Die Verwandten aus Mannheim kommen über den Rhein herüber – endlich wieder einmal. Man hat sich lange nicht gesehen. Was ist seit 1815, dem Ende des Wiener Kongresses, aber auch nicht alles geschehen! Das hätte sich Magdalena nie träumen lassen: Die Pfalz ist jetzt Teil des Königreichs Bayern und wird von München aus regiert – und Mannheim gehört den Großherzögen von Baden, die erst kürzlich noch Markgrafen waren, und in Karlsruhe residieren. Im großen Mannheimer Schloss wohnt die früh verwitwete Großherzogin Stephanie, Adoptivtochter Napoleons. Jetzt kommen die Mannheimer Neffen und Nichten aus einem anderen Land, wenn sie in Dürkheim zu Besuch sind.

Die Reise ist immer noch beschwerlich. Von Mannheim führt jetzt zwar eine Schiffsbrücke, die auf eisernen Pontons ruht, über den Rhein. Aber eine Fahrt mit Pferd und Wagen wird lange überlegt – nach Missernten und gestiegenen Getreidepreisen ist auch der Hafer fast unerschwinglich geworden, in manchem Hof sterben Pferde an Futtermangel. Dabei hat man im Intelligenzblatt, der Zeitung jener Jahre, von einer wunderlichen Erfindung gelesen, einer Fahrmaschine mit zwei oder vier Rädern, die ohne Pferdekraft auskommt, geschoben und gezogen von zwei Männern. Nun soll sein Erfinder, der Freiherr Karl Drais, in Mannheim auch eine Laufmaschine auf zwei Rädern konstruiert haben, die schneller fährt, als ein Bürger laufen kann. Damit soll er kürzlich, Mitte des Jahres 1817, in einer knappen Stunde von seiner Wohnung im Mannheimer Quadrat M1 bis zum sieben Kilometer entfernten Relais- haus in Schwetzingen gefahren sein. Der Erfinder durfte das erste Fahrrad der Welt sogar in Karlsruhe dem Zaren Alexander vorstellen und bekam von ihm als Anerkennung einen Brillantring geschenkt.

Magdalena ist gespannt, was die Mannheimer Verwandten zu berichten haben.

Essen für die Verwandtschaft

Spargel in weiser Petersilien Sauce
Junge Hühner in Gelee
Gefrorenes von Vanille

Zubereitung nach Art von Magdalena

Spargel in weiser Petersilien Sauce: Sind die Spargeln geschält und abgeschnitten, bindet man sie in Büschel, macht in einer meßingnen Pfanne oder in einem Hafen Waßer siedend, thut eine handvoll Salz und die Spargel hinein, und siedet sie nicht zu weich, daß die Köpfe nicht abfallen. Dann legt man sie auf eine Platte, thut ein Stück frische Butter in einen Hafen, wenn es vergangen ist, ein wenig klein gehackte Petersilien, einen Kochlöffel voll fein Mehl hinein, ein wenig Fleischbrühe und Spargelbrühe dazu, läßt es recht aufkochen, und richtet dann die Sauce über die Spargel an.

Junge Hühner in Gelee: Für acht Personen werden ein Paar junge Hühner gerupft, gezupft und sauber ausgenommen und gewaschen und schön aufgezäumt. Man kocht die Gelee auf gewöhnliche Art, und die Hühner darin, aber nicht zu weich, daß sie nicht zerfallen. Alsdann gießt man zwei fingerlang Gelee in einen Humpen. Wenn sie fest gestanden ist, schneidet man zwei Scheiben Zitrone, legt sie auf die Gelee, und die Hühner gegeneinander auf die Brust auf die Zitrone, belegt sie nebenherum mit Erbsen, und zwischen die Erbsen mit Petersilien, gießt die restliche Gelee darüber. Wenn sie steif gestanden ist, taucht man den Humpen ins warme Waßer, stürzt es auf eine Platte und trägt es auf.

Gefrorenes von Vanille: Hierzu siedet man ein Maas Rahm mit zwölf Loth Zucker, dazu eine Stange zerschnittene oder zerstoßene Vanille eine zeitlang, verrührt hierauf recht stark das Gelbe von zehn Eiern mit etwas kaltem Rahm, gießt den gekochten Rahm langsam daran, treibt es durch ein feines Haarsieb, füllt es, wenn es kalt geworden ist, in die Gefrierbüchse, und läßt es vollends recht gefrieren. Anmerkung: Bei allem Gefrorenen ist zu merken, daß das Rühren eine Hauptsache dabei ist, und daß es am Ende noch einmal so viel werden soll, als man Creme dazu genommen hat, und daß es ganz leicht und schaumig aussehen muß.

ZUBEREITUNG NACH ART VON TRISTAN BRANDT

SPARGEL MIT BROMBEERE UND ALGEN

Gegrillter Spargel: Den Spargel in Salzwasser 20 Sekunden blanchieren und anschließend auf dem Grill von allen Seiten rösten, bis der Spargel eine goldbraune Farbe angenommen hat. Währenddessen mehrmals mit etwas Mirin bepinseln. Den Spargel auskühlen lassen und in Streifen schneiden. Die Algen in einen Mixer geben und sehr fein mixen. Die Hälfte des Spargels mit dem Algenpulver bestreuen.

Roh marinierter Spargel: Spargel dünn aufschneiden und leicht salzen. Nach 15 Minuten die Flüssigkeit ausdrücken, mit den restlichen Zutaten mischen, den Spargel damit marinieren und zu Röllchen formen.

Süß-saure Zwiebeln: Zwiebel schälen, in feine Stifte schneiden, Fond aus Balsamico, Zucker, Wasser einmal aufkochen und die Zwiebelstifte damit übergießen.

Brombeergel: Alle Zutaten zusammen aufkochen und erkalten lassen, bis eine feste Masse entsteht. Die Masse glattmixen und durch ein Sieb passieren.

Dashi: Das Wasser mit den Kombu-Algen auf 80°C erhitzen und auskühlen lassen. Die Bonitoflocken hinzufügen, erneut auf 80°C erhitzen und 10 Minuten ziehen lassen. Alles passieren und mit Xanthan binden.

Anrichten: Den Spargel in der Mitte des Tellers platzieren und die übrigen Komponenten kreisförmig anrichten. Dashi angießen.

Zutaten für 4 Personen

Gegrillter Spargel
› 6 Stangen Spargel
› 100 ml Mirin
› 20 g Nori-Algen
› 20 g Kombu-Algen
› 20 g Wakame-Algen

Roh marinierter Spargel
› 2 Stangen Spargel
› 1 TL Mirin
› 1 TL Honig
› 1 TL Mandarinenöl
› Salz

Süß-saure Zwiebeln
› 1 rote Zwiebel
› 50 ml weißer Balsamico
› 50 g Zucker
› 50 ml Wasser

Brombeergel
› 100 g Brombeermark
› 1 g Agar
› 1 g Gellan

Dashi
› 350 ml Wasser
› 20 g Kombu-Algen
› 15 g Bonitoflocken
› 1 Msp. Xanthan

Anrichten
› Tosaka-Algen
› 6 Streifen süß-saure Zwiebeln
› 1 TL Tororo-Kombu
› 1 TL Meerkohl
› 4 Brombeeren

Was hat Tristan Brandt zu seinem Rezept inspiriert?

Der Spargel muss mir besonders am Herzen liegen, nachdem ich im April 2019 als Ehrengast zum traditionellen Spargelanstich in Schwetzingen eingeladen war. Schon während meiner Lehrzeit bei Michael Stortz in Stromberg habe ich viel über dieses Gemüse gelernt. In der Küche meiner Großmutter stand der Spargel, angebaut auf dem Acker des Nachbarn, noch eingemacht im Glas. Ich esse ihn tatsächlich auch gern roh gebraten, sein Aroma bleibt dann erhalten, allerdings auch seine Bitterstoffe. Wer Spargel lieber kocht, sollte ihn schälen, die Schalen in wenig Wasser abkochen und ihn in diesem Sud bei 150°C zehn Minuten im Ofen pochieren. So bleibt das Spargelaroma wunderbar erhalten.

1820

REBELLEN TREFFEN SICH ZUR JAGD

Essen für eine Jagdgesellschaft

Die Stimmung ist aufgeheizt. Die Pfalz hat seit dem Wiener Kongress und dem nachfolgenden Münchner Vertrag von 1816 einen neuen Namen, der keinem Pfälzer schmecken kann: „Bayerischer Rheinkreis". Das französische Département du Mont-Tonnerre ist mit Napoleon verschwunden, die Kurpfalz existiert nicht mehr. Ihr linksrheinischer Teil ist dem von Wittelsbach regierten Königreich Bayern zugeschlagen worden. Die Verwandten in Mannheim leben jetzt in einem anderen Land, sie sind Untertanen des Großherzogs von Baden. Es gibt eine Grenze zwischen der Pfalz und den Ländern rechts des Rheins, und an diesen Grenzen gibt es Zölle. Sie verteuern den Pfälzer Wein, der jenseits des Rheins immer schwerer zu verkaufen ist. Was tun? „Selbst mehr trinken", meinen die Pfälzer anfangs noch lachend, so lange ihnen der Humor erhalten bleibt und reimen in ihren Liedern: „Trinket, Freunde, guten Mutes / was ihr trinkt, ist frei von Zoll / alles Böses hat sein Gutes / bleiben doch die Keller voll / drum ist in unsrer Not / nur wer trinkt, ein Patriot!"

Doch die Zeiten werden härter, die Lieder lauter und rebellischer: „Wir wohnen in dem schönsten Land auf Erden / von Gottes Segen voll / doch müssen wir noch all zu Bettlern werden / durch den verdammten Zoll!" Unter der Hand kursieren Flugschriften, Männer tun sich zusammen, treffen sich an geheimen Orten oder angeblich zur Jagd. Die Welt hat sich verändert – auch im Königreich Bayern. Es gibt einen krassen Gegensatz zwischen den Pfälzern, welche die Segnungen der Französischen Revolution gekostet haben, und den konservativen, kirchen- und königstreuen Altbayern. Der Traum und die Realität von Freiheit, Gleichheit, Brüderlichkeit liegen erst kurze Zeit zurück. Doch die fünfzehn Jahre unter Napoleon haben in der Pfalz genügt, Freiheiten kennenzulernen, die es in anderen deutschen Landen so nicht gab und gibt. Wo sind sie geblieben?

Die Wälder und Gewässer der Pfalz sind reich an Beute. In fast jedem großen Haus hängt das Gewehr im Schrank. Gejagt wird auf Hirsch, Reh, Feldhuhn, Fasan und Wildschwein. In den Weihern sonnen sich die Karpfen, unter den Steinen des Baches Isenach, am Rande des Pfälzer Waldes, sitzen die Krebse. Die Bäche sind reich an Forellen, der Rhein und die Altrheinarme liefern Hechte, Aale, Schleien und Salme. Doch heute geht es bei der Jagdgesellschaft in Magdalenas großer Stube in Dürkheim an der Haardt nicht um des Weidmanns Glück. Die Rebellen treffen sich. Es rumort in der Pfalz. Umso besser muss das Essen sein, denkt Magdalena.

Essen für eine Jagdgesellschaft

Wein Suppe
Wildpret Schlegel
Karthäuser Knöpfe

Zubereitung nach Art von Magdalena

Wein Suppe: Für sechs Personen nimmt man ein und einen halben Schoppen Wein, einen halben Schoppen Waßer, einen halben Schoppen sauren Rahm, drei bis vier Eiergelb, eine Meßerspize voll Mehl, rührt die Eier und das Mehl wohl durcheinander, und ein viertel Pfund Zucker, hernach giese das Waßer, den Wein und Rahm daran, rühre es bis es kocht, laß es ein paar Wall aufkochen, und schneide darnach ein wenig Weck daran und richte sie an.

Wildpret Schlegel: Einen Wildpret Schlegel beizt man ein und läßt ihn einige Tage im Eßig liegen, wendet ihn alle Tage herum, stellt ihn mit dem Eßig bei, gießt noch einen Schoppen Waßer daran, läßt ihn darin weich kochen. Hernach thut man ihn auf eine Schüßel, läßt die Haut davon ab, schneidet sie ganz fein, paßiert die Sauce durch einen Seiher, thut die geschnittene Haut hinein, reibt wohl Schwarzbrod auf dem Reibeißen, thut nach Gutdünken gestoßene Mandeln, Zucker, Zimmet, Näglein dazu, mengt es unter das Schwarzbrod und drückt es auf den Braten, legt ihn wieder in die Sauce, feuchtet das Schwarzbrod ein wenig damit an, einen paßenden Deckel mit Kohlen darauf, läßt es schön gelb werden, richtet ihn an, und stellet die Sauce besonders dazu auf. Man giebt ihn auch ohne Kruste, da bratet man ihn nur so gelb. Anmerkung: Auf nehmliche Art macht man auch einen Rehschlegel, nur ist zu merken, wenn man ihn spickt, braucht man keine Kruste, und es muß vor dem Anrichten saurer Rahm in die Sauce gegeben werden.

Karthäuser Knöpfe: Für acht Personen reibt man das Äußere von drei Milchbrod ab, schneidet jedes in vier Theile, verrührt neun Eier, gießt einen halben Schoppen Wein darunter, ein wenig Zucker, dann gießt man es über den Weck. Wenn sie ganz weich sind, werden sie herausgenommen, in dem Abgeriebenen herumgewälzt, in Schmalz gelb gebacken und mit Zucker und Zimmet bestreut. Man kann sie auch in eine süße Sauce geben.

ZUBEREITUNG NACH ART VON TRISTAN BRANDT

HIRSCHRÜCKEN MIT ROTER BETE

Hirschrücken: Den Hirschrücken salzen und pfeffern, von allen Seiten in einer heißen Pfanne anbraten und im Ofen auf 52 °C Kerntemperatur garen. An einem warmen Ort 10 Minuten ruhen lassen. In dieser Zeit in einer Pfanne Butter mit Knoblauch und Rosmarin zerlaufen lassen und den Hirschrücken hinzugeben. Die Butter aufschäumen und den Rücken mehrfach mit der aufgeschäumten Butter übergießen.

Schwarze Knoblauchsoße: Den Kalbsfond auf 500 ml reduzieren, mit den restlichen Zutaten in einen Mixer geben und für 4 Minuten mixen. Durch ein Sieb passieren und in einen Topf füllen.

Rote Betecreme und Beeteperlen: Das Salz auf ein Blech geben, die Roten Beten auf das Salz legen und bei 200 °C Umluft für ca. 30 Minuten garen bis die Bete vollständig weich ist. Mit einem Kugelausstecher 8 Kugeln ausstechen und beiseite legen. Die restliche Rote Bete und die Abschnitte mit der Butter in einen Mixer geben und pürieren. Mit Salz und Pfeffer abschmecken.

Gänselebercreme: Die Gänseleber mit der Milch in einem kleinen Mixer so lange pürieren, bis eine geschmeidige Masse entsteht. Diese im Kühlschrank kaltstellen, bis sie fest geworden ist. Die Gänselebermasse mit Salz und Pfeffer abschmecken, mit dem Schneebesen glattrühren und in einen Spritzbeutel füllen.

Rote Betescheiben für Ravioli: Die Rote Bete mit Hilfe eines Gemüsehobels in dünne Scheiben schneiden, mit einem runden Ausstecher 8 Scheiben mit einem Durchmesser von 6 Zentimetern ausstechen und in ein Einmachglas geben. Wasser mit Zucker und Balsamico aufkochen und zu den Betescheiben ins Glas geben, sofort verschließen und für 15 Minuten ziehen lassen.

Mispeln: Die Mispeln mit Hilfe eines kleinen Messers schälen, halbieren, entkernen und in ein Einmachglas geben. Wasser mit Zucker und Zitronensaft aufkochen, auf 50 °C abkühlen lassen und zu den Mispeln geben. Das Glas unmittelbar verschließen und für eine Stunde ziehen lassen. Die ausgekühlten Mispeln trocken tupfen, in Scheiben schneiden und in kleine Röllchen aufdrehen.

Anrichten: Die Betecreme in einem Topf erhitzen und mit Hilfe eines Löffels tränenförmig anrichten. Je 2 Rote Beteperlen auf den Teller setzen. Anschließend die Rote Betescheiben auf ein Blech legen und trocken tupfen, die Gänselebercreme aufspritzen und zu einem pyramidenförmigen Ravioli falten. Das Fleisch in 8 gleichgroße Stücke schneiden und je Teller 2 Stücke zwischen die 2 Püreetränen setzen. Die Knoblauchsoße aufkochen und auf den Teller punkten. Abschließend die Ravioli auf den Teller setzen und die Mispelröllchen mit Fichtensprossen garnieren.

Zutaten für 4 Personen

Hirschrücken
› 320 g Hirschrücken
› Salz, Pfeffer
› Pflanzenöl, zum Braten
› 20 g Butter
› 1 Knoblauchzehe
› 1 Zweig Rosmarin

Schwarze Knoblauchsoße
› 2 l Kalbsfond
› 60 g schwarzer Knoblauch
› 250 g Butter
› 50 g Sepiatinte
› 2 Prisen Xanthan

Rote Betecreme und Beeteperlen
› 5 große Rote Beten
› 100 g Butter
› grobes Meersalz
› Salz, Pfeffer

Gänselebercreme
› 70 g Gänseleber
› 20 ml Milch
› Salz, Pfeffer

Rote Betescheiben für Ravioli
› 1 Rote Bete
› 100 ml Wasser
› 100 g Zucker
› 100 ml weißer Balsamico

Mispeln
› 4 Mispeln
› 480 ml Wasser
› 140 g Zucker
› Saft einer Zitrone

Anrichten
› Fichtensprossen

Was hat Tristan Brandt zu seinem Rezept inspiriert?

Der Hirschrücken oder auch Hirschziemer ist das Beste vom Hirsch, er ist das begehrteste Stück. Den Hirsch, und nicht das Reh, habe ich gewählt, da er das aussagekräftigere und aromareichere Fleisch hat. In meinem Gericht muss das Fleisch mit der kraftvollen Roten Bete mithalten können. Da habe ich beim Hirsch keine Sorge, denn er geht neben dieser wunderbaren Rübe mit der auffälligen Farbe nicht unter. Die Rote Bete habe ich gewählt, da ich für den großartigen Geschmack sensibilisieren möchte.

1832

DER ROTE FITZ
Essen in Tagen der Rebellion

Die ganze Pfalz ist in Aufruhr. Hunderte, Tausende haben sich aufgemacht nach Hambach, zur Maxburg, wie das Schloss in der Pfalz heißt. Winzer, Bürger, Studenten strömen herbei, schwarz-rot-goldene Fahnen wehen. Das Hambacher Fest gilt heute als die erste politische Volksversammlung der neueren deutschen Geschichte, mit einem für die damalige Zeit unerhörten Aufgebot an Menschen. Die Kundgebung auf dem Schloss endet mit einem machtvollen Bekenntnis zu Deutschlands Einheit und Freiheit. Es ist die stärkste Bekundung eines nationalen Willens in den Tagen des deutschen Vormärz – und ein Volksfest dazu. Dabei steht es gar nicht so gut in der Pfalz.

Die Pfälzer Winzer haben allen Grund, unter einer schwarzen Fahne mit der Inschrift „Die Weinbauren müssen Trauren" zum Fest zu ziehen. Das Hambacher Fest hat nicht nur politische, sondern auch wirtschaftliche Ursachen. Für die Winzer ist der von Bayern an der Landesgrenze erhobene Zoll eine unerträgliche Knebelung. Er wirkt wie eine indirekte Besteuerung der wichtigen Pfälzer Ausfuhrgüter Wein und Tabak. Ohnehin gibt es Spannungen zwischen den bayerischen Landesteilen im Westen und im Süden. Die bayerische Krone hat den Pfälzern zwar manche Rechte belassen, die ihnen unter französischer Herrschaft zugefallen sind. Doch die Aufrichtung einer Zollmauer rings um die Pfalz hat böses Blut geschaffen, zumal die Eintreibung der Maut durch 500 Zollbeamte angeblich mehr an Verwaltungsaufwand kostet, als diese Maut an Einnahmen abwirft.

Magdalena ist daheim geblieben in Dürkheim. Sie kann abwarten, bis die Jungen zurückkommen und berichten. Sie bereitet einstweilen die Mahlzeit vor, gegessen wird ja immer. Ein einfaches Essen, das auch eine Weile auf dem Herd stehen kann. Hoffentlich geht alles gut, denkt sie. Sie weiß, wer die Winzer anführt und die schwarze Fahne trägt – sie kennt den Dürkheimer Johannes Fitz. Von diesem Tag an heißt er in der Pfalz nur noch „der rote Fitz" – zumal er rote Haare hat. Wenige Tage nach dem Fest sucht die bayerische Regierung die Initiatoren der Kundgebung, verhaftet sie und steckt sie in Zweibrücken ins Gefängnis. Die Journalisten Philipp Jakob Siebenpfeiffer und Johann Georg August Wirth gehören dazu. Johannes Fitz ist die Flucht gelungen – nach Frankreich. Wie sich später herausstellt, ist dies für ihn und für seine Familie keineswegs nur ein Unglück.

Im Weingut Fitz-Ritter in Bad Dürkheim hängt das Bild mit der schwarzen Fahne, mit der Urahn Johannes Fitz hinauf aufs Schloss zog. In manchem alten Pfälzer Schrank liegen Briefe von Siebenpfeiffer und Wirth. Aus Hambach stammt das Hausbuch, in dem der Winzer Christian Angel an jenem 27. Mai 1832 notierte: „Die ganze Nacht wurde geschossen, gefressen und gesoffen und jubiliert." Wer die Pfalz kennt, der weiß, dass dies kein Widerspruch sein muss.

Essen in Tagen der Rebellion

Gefüllter Häuptcher Salat
Reistopf

Zubereitung nach Art von Magdalena

Gefüllter Häuptcher Salat: Man nimmt acht Häuptcher (Köpfe) Salat, puzt die äußeren Blätter davon ab, und schüttet heiß Waßer über die Häuptcher. Danach dämpft man in ein viertel Pfund frische Butter mit Zwiebel und Petersilien, in drei Taßen Wein eingeweicht, ausgedrückt. In einen Hafen nebst ein Pfund gehacktes Kalbfleisch auch Muskatnuß, gehöriges Salz, gestoßene Näglein und ein wenig Zitronensaft gethan. Dann schlägt man acht Eier dazu und läßt es auf dem Feuer rösten, bis es fest ist – wie das Füllsel zu einer Kalbsbrust. Dann schneidet man das Herz aus den Häuptchen heraus, welches fein geschnitten zu dem Füllsel kommt. Dann fängt man inwendig an, füllt ein Blatt um das andere, und wenn es nicht ordentlich zusammen geht, so nimmt man noch ein anderes Blatt und schlägt es oben darüber, bindet es mit Kordel übers Kreuz zusammen und brüht es dann wie ein anderes Gemüse in kochendem Salzwaßer ab. Man richtet folgende Sauce darüber: Man läßt ein Stück frischen Butter vergehen, thut Weckmehl, Fleischbrühe, Muskatnuß und Salz dazu, läßt es aufkochen, und richtet es über die Häuptcher an.

Reistopf: Für zehn Personen brüht man drei achtel Pfund Reis auf gewöhnliche Art ab, gießt alsdann eine halbe Maas kochende Milch darüber, kocht ihn ja aber nicht zu dick, dann stellt man ihn beiseite. Nimmt alsdann eine mit Butter bestrichene Auflaufform, bestreut sie ganz mit Weißmehl, dann schält man Äpfel, schneide einen Deckel ab, höhlt sie aus, daß sie aber schön ganz bleiben, alsdann nimmt man ein achtel Pfund gestoßene Mandeln, ein achtel Pfund kleine Rosinen, ein Loth Zitronat, das Gelbe von einer Zitrone am Zucker abgerieben, ein halbes Loth Zimmet, Zucker nach Gutdünken, mengt es untereinander, füllet die Äpfel damit, sezt sie dicht nebeneinander in die Form, thut den Reis darüber, doch so, daß er auf alle Seiten kommt und die Äpfel ganz bedeckt sind, reibe ein wenig Zucker darüber, ein Stücklein Butter oben drauf, stellt es auf Kohlen und einen Deckel mit Kohlen darauff, läßt es backen, wenn die Äpfel weich sind, stürzt man ihn auf eine Platte und giebt ihn gleich zu Tisch.

ZUBEREITUNG NACH ART VON TRISTAN BRANDT

GURKE MIT BRAUNER BUTTER

Geschmorte Gurken, Gurkenstifte und Gurkenketchup: Die Gurken schälen, in 6,5 Zentimeter lange und 2 Zentimeter breite Stifte schneiden und das Kerngehäuse gerade abschneiden. Pro Teller werden 3 Gurkenstifte benötigt. Abschnitte aufbewahren und für den Gurkenfond verwenden.

Gurken waschen und 500 ml entsaften. Die Gewürze zerdrücken, den Zucker hinzufügen, mit 250 ml Gurkensaft aufkochen und auf 200 ml reduzieren. Auskühlen lassen und den restlichen Saft hinzufügen. Durch ein Microsieb passieren und die Hälfte des Fonds mit den Gurken vakuumieren. Die Gurken anschließend für ca. 8 Minuten garen und im Eiswasser abschrecken. Die Stifte auf der runden Seite in einer Pfanne ohne Öl anbraten, bis eine leichte Röstung entsteht. Nachfolgend die Stifte in 3 gleich große Stücke schneiden. Für den Gurkenketchup den restlichen Fond mit Yuzusaft und Salz abschmecken. Abschließend mit Xanthan zu einer cremigen Konsistenz abbinden. Senfkörner hinzugeben und in einen Spritzbeutel füllen.

Dashi-Buttersoße: Aus der Butter braune Butter herstellen und unter ständigem Rühren die Molke der Butter goldgelb rösten. Sobald die gewünschte Röstung erreicht ist, die Butterkristalle absieben und auf Küchenpapier auslegen. Die braune Butter in einen Topf geben. Für die Dashi Wasser und Kombu-Algen in einen Topf geben, langsam auf 80 °C erhitzen und dann abkühlen lassen. Anschließend den Sud mit den Algen passieren, Bonitoflocken hinzugeben und 20 Minuten ziehen lassen und durch ein Sieb gießen. Die Dashi mit schwarzem Kombu-Reisessig, Sternanisessig, Birkenrauchöl und Salz abschmecken und erwärmen. Abschließend die flüssige braune Butter einrühren.

Anrichten: Die Umeboshipflaumen entkernen, leicht anmixen und in einen Spritzbeutel füllen. Die Kappazuke in kleine Stifte schneiden – pro Gurkenstift werden 3 Kappazuke-Stifte benötigt. Die Tosaka-Algen für 15 Minuten wässern und anschließend die Spitzen abzupfen, um jeden Gurkenstift mit 3 Algen garnieren zu können. Pro Teller 3 Gurkenstifte untereinander auslegen und mit grobem Salz abschmecken. Eine dünne Linie Umeboshicreme über die Gurken ziehen und mit Gurkenketchup bedecken. Nachfolgend mit Kappazuke, Beni Shoga und braunen Butterkristallen garnieren. Die Tosaka-Algen und Tagetes-Blüten nach oben ausgerichtet platzieren. Abschließend die Dashi-Buttersoße erhitzen und neben den Gurkenstiften angießen.

Zutaten für 4 Personen

Geschmorte Gurken, Gurkenstifte und Gurkenketchup
› 3 Salatgurken
› 1 TL Wacholder
› 1 TL Piment
› 3 Nelken
› 3 Sternanis
› 75 g Zucker
› 2 Zweige Estragon
› ½ TL Tabasco
› 8 g Salz
› 15 ml Yuzusaft
› 1 Msp. Xanthan
› 50 g gelbe Senfkörner, weich gekocht

Dashi-Buttersoße
› 150 g Butter
› 350 ml Wasser
› 20 g getrocknete Kombu-Algen
› 15 g Bonitoflocken
› 10 ml schwarzer Kombu-Reisessig
› 20 g Sternanisessig
› 4 Tropfen Birkenrauchöl
› Salz

Anrichten
› 100 g Umeboshipflaumen
› grobes Meersalz
› 50 g Kappazuke
› 50 g Beni Shoga
› 50 g rote Tosaka-Algen
› 1 Tagetes-Blüte

Was hat Tristan Brandt zu seinem Rezept inspiriert?

Im Kochbuch von Magdalena fand sich kein vegetarisches Gericht – zwar genügend Gemüse-Rezepte, aber kein einziges vollwertiges Gericht. Als „gutes Essen" galt früher nur eine Speise mit Fleisch. Daran hielt sich wohl auch Magdalena. Dass auch ein vegetarisches Gericht seine Freunde finden kann, möchte ich mit einer Abwandlung des gefüllten Kopfsalates von Magdalena in einer außergewöhnlichen Gurkenvariation zeigen.

1837

KÖNIGLICH-BAYERISCHER HOFLIEFERANT

Ein Toast auf den Hoflieferanten

Johannes Fitz ist kein Wirrkopf. Er ist ein gestandener Mann von 36 Jahren, als er zum Hambacher Fest zieht, er ist Kaufmann und Weingutsbesitzer, er ist Stadtrat und Polizeikommissär von Dürkheim. Doch er ist auch ein Mann der Freiheit, Mitgründer des deutschen Preß- und Vaterlandsvereins, der sich für die Pressefreiheit einsetzt, er ist ein Mann der deutschlandweiten liberalen Protestbewegung. Jetzt ist er nach Straßburg geflohen und weiter nach Paris, um seiner Verhaftung zu entgehen – die ihn später doch noch einholt.

In Frankreich lernt Johannes Fitz die Champagner-Herstellung kennen, von der er schon in der Pfalz gehört hat. Die bayerische Regierung wies schon im Amts- und Intelligenzblatt des Rheinkreises auf die „unglaublichen Mengen von mußirendem Wein" aus Rheinhessen hin, die im Mainzer Hafen verschifft würden, und sie hielt die Pfälzer an, sich mit diesem Produkt zu beschäftigen. Das tut Johannes Fitz nun im französischen Exil. Die Familienlegende will wissen, dass er dort die Champagner-Herstellung kennenlernt und die Rezeptur an seinen Vetter Georg Peter Fitz nach Dürkheim schickt. Nach diesem Rezept keltern die Fitzens nun ihren „Moussierenden Haardtwein", dessen Qualität „selbst französischen Champagner entbehrlich macht". Der König in München erhält allerehrfurchtsvoll eine Probe. Der perlende Wein aus der Pfalz mundet dem Wittelsbacher auf Bayerns Thron so gut, dass das Weingut von Georg Fitz alsbald mit der goldenen Ehrenmünze des Verdienstordens der bayerischen Krone ausgezeichnet wird. Nun ist ein Fitz königlich-bayerischer Hoflieferant. Der inzwischen wieder heimgekehrte Revoluzzer Johannes kommt aufgrund seiner Vergangenheit für eine solche Ehrung nicht in Frage. Doch er hat inzwischen auf seinem Gut ebenfalls mit der Produktion von „Moussirwein" begonnen, die beiden Vettern schätzen sich und führen ihre Betriebe zeitgleich.

Der Sekt begründet eine Familientradition des Hauses Fitz. Sie lebt im Weingut Fitz-Ritter in Bad Dürkheim, der ältesten Sektkellerei der Pfalz, bis heute fort.

Die große Ehrung aus München muss gefeiert werden. Magdalena hat sie nicht mehr erlebt. Aber ihre Rezepte existieren noch. Sie hat sie gesammelt, aufgeschrieben und daraus ein Kochbuch gemacht. Und so kocht man im Hause Fitz nun ein Menu nach Magdalenas Rezepten.

Ein Toast auf den Hoflieferanten

Feldhühner Suppe
Salm Pastete
Auflauf von Quitten

Zubereitung nach Art von Magdalena

Feldhühner Suppe: Für acht Personen nimmt man ein Feldhuhn, und bratet es, wenn es gebraten ist, thut man es in einen Mörser, stößt es fein mit einer Zwiebel, thut es in einen Hafen, und ein Stück frischen Butter dazu, läßt es recht rösten, hernach thue gute Fleischbrühe daran, laß es recht kochen, wenn es gekocht hat, läßt man es durch einen Seiher laufen. Man kann Knöpfe oder gebähte Schnieten hinein machen. Auf diese Art macht man auch die Krammets Vögel und Lerchen Suppe.

Salm Pastete: Man verfertigt einen guten Blätterteig wie zu Torten, wergelt den Boden nicht zu dünn aus, schneidet die Teile so groß man sie haben will, der Deckel muß aber größer sein, daß man ihn nicht verzieht und er nicht spannt. Man backt dies wie alle Pasteten. Zu sechs Personen nimmt man zwei Pfund Salmen, puzt ihn sauber, legt ihn in Waßer, daß er schön weiß bleibt. Dann nimm halb Eßig, halb Wein, halb Waßer, gute Näglein, Salz, Ingwer, ein wenig Petersilien, Zwiebel, Scharlotten, Lorbeerblätter, läßt dies ein wenig kochen, thut den Salmen hinein, läßt ihn ein wenig kochen, dann stellt man ihn auf einer irdenen Platte bei Seite, und verfertigt eine Sauce. Nimm ein Schoppen sauren Rahm, drei Eiergelb, einen halben Kochlöffel fein Mehl, etwas Muskatblüth, zwei Sardellen, die wohl ausgegrätet sind, verdrückt man mit dem Meßer, ein paar Scheiben Zitrone, etwas frischen Butter, dieses rührt man alles recht parat, einen Schöpflöffel voll Salmenbrühe daran, läßt es unter beständigem Rühren kochen. Dann schneidet man den Salmen in Portionen, legt ihn aber nicht in die Sauce. Sondern, wenn die Pastete schön gebacken ist, legt man den Salmen hinein, schüttet die Sauce darüber, thut den Deckel von Blätterteig darauf und und bringt ihn gleich zu Tisch.

Auflauf von Quitten: Fünf bis sechs Quitten werden weich gesotten, und wenn sie kalt sind, geschält. Dann wird das Mark auf dem Reibeißen bis auf das Steinigte abgerieben, zu zwölf Loth Mark wird ein viertel Pfund Zucker gesiebt, das Weiße von acht Eiern zu Schaum geschlagen, das Mark nebst dem Zucker in eine Schüßel gethan, der geschlagene Schaum nach und nach hinein, und überhaupt die ganze Maße recht schäumig gerührt, die abgeriebene Schale von einer Zitrone hinein gethan, eine blecherne Schüßel oder Porzellain Platte mit Butter bestrichen, den Saft von einer Zitrone in die Maße gedrückt, dieselbe eingefüllt, die Platte auf einen Hafen mit siedendem Waßer oder heißer Asche gesezt, und ein Deckel mit schwachen Kohlen darüber, bis er gelb aufgezogen ist.

ZUBEREITUNG NACH ART VON TRISTAN BRANDT

TRANCHE VOM SAIBLING

Saibling und Beize: Das Saiblingsfilet von der Haut befreien und die Gräten ziehen. Für die Beize alle Zutaten mischen und den geriebenen Ingwer dazugeben. Die Filets beidseitig mit der Beize bedecken und für 45 Minuten ziehen lassen. Die Beize abwaschen, den Saibling trocken tupfen und in 4 gleich große Stücke portionieren.

Gepickelte Kohlrabischeiben und Schalottenringe: Die Schalotte schälen, in Ringe schneiden und in ein Einmachglas geben. Den Kohlrabi mit Hilfe eines Gemüsehobels in dünne Scheiben schneiden, mit einem runden Ausstechring ausstechen und ebenfalls in ein Einmachglas geben. Zucker, Essig und Wasser aufkochen und in die Einmachgläser füllen, direkt verschließen und 30 Minuten ziehen lassen.

Liebstöckelöl: Die Liebstöckelblätter und Petersilie von den Stielen befreien und mit dem Öl in einen Thermomix geben, eine Prise Salz hinzufügen und auf voller Stärke auf 60°C mixen. Das Öl in eine Schüssel, die auf Eis liegt, geben, kaltrühren und durch ein feines Sieb passieren.

Liebstöckelvinaigrette: Alle Zutaten in einer Schüssel verrühren und mit Salz, Zucker und Pfeffer abschmecken.

Sauerrahm: Den Sauerrahm mit Salz und Pfeffer abschmecken und in eine Spritzflasche füllen.

Quinoa: Den Quinoa in 200°C heißem Öl frittieren bis er aufpufft. Auf einem Küchenpapier ausfetten lassen und leicht salzen.

Algenpulver: Alle Algen fein zermahlen und durch ein feines Sieb passieren.

Anrichten: Den Saibling mit Hilfe eines Bunsenbrenners abflämmen, die Kohlrabischeiben zu Röllchen aufdrehen und mit Algenpulver bestäuben. 10 kleine Punkte Sauerrahm auf den Saibling spritzen, mit Quinoa bestreuen und die Kohlrabiröllchen mit dem Algenpulver abpudern und kreuzförmig auf den Saibling legen. In die Zwischenräume den Kaviar platzieren und darauf 5 Schalottenringe drapieren. Abschließend die Vinaigrette mit dem Liebstöckelöl verrühren und angießen.

Zutaten für 4 Personen

Saibling und Beize
› 300 g Saiblingsfilet
› 100 g Salz
› 25 g Zucker
› je 10 g Limetten- und Zitronenabrieb, zerstoßene weiße Pfeffer- und Korianderkörner, Ingwer

Gepickelte Kohlrabischeiben und Schalottenringe
› 1 große Schalotte
› 1 Kohlrabi
› 100 g Zucker
› 100 ml Essig
› 100 ml Wasser

Liebstöckelöl
› 1 Bund Liebstöckel
› 5 Zweige Petersilie
› 200 ml Pflanzenöl
› Salz

Liebstöckelvinaigrette
› 15 ml weiße Sojasoße
› 30 ml süß-saurer Sud vom Kohlrabi
› 10 ml Distelöl
› 20 ml Verjus
› 10 ml Wasser
› 25 ml Liebstöckelöl
› Salz, Zucker, Pfeffer

Sauerrahm
› 2 EL Sauerrahm
› Salz, Pfeffer

Quinoa
› 70 g roter Quinoa
› 500 ml Pflanzenöl
› Salz

Algenpulver
› 10 g Kombu
› 10 g Wakame
› 10 g Hijiki

Anrichten
› 30 g Saiblingskaviar

Was hat Tristan Brandt zu seinem Rezept inspiriert?

Magdalena hat den Salm, wie der Lachs früher hieß, oft verwendet – es gab diesen edlen Fisch damals noch reichlich im Rhein. Zum Saibling habe ich gegriffen, da er ein feineres Aroma und ein weicheres Fleisch als der Lachs hat. Man kann ihn mit vielen überraschenden Aromen kombinieren. Ich bereite aus diesem feinen Flussfisch gerne auch ein Tatar zu, das aber ganz gewiss keine kulinarische Verwandtschaft mit dem Rindertatar hat. Keine Zwiebeln, keine Kapern, kein Cognac – nein, nur ganz feine Gewürze und den Abrieb von Limetten. Täglich wird uns der Saibling frisch vom Pariser Großmarkt Rungis geliefert.

Anmerkungen zu den Rezepten

Die Rezepte der Magdalena Christmann sind als Originalabschrift aus ihrem handschriftlichen Kochbuch übernommen. Begriffe und Schreibweisen sind aus jener Zeit und nicht an die heutige Sprache und Rechtschreibung angepasst.

Die historischen Vorgänge sind nach bestem Wissen und Gewissen recherchiert. Dennoch kann aufgrund der unsicheren Quellenlage eine Garantie für absolute Richtigkeit nicht übernommen werden. Eine Haftung von Autorin und Herausgeber ist ausgeschlossen.

Begriffe und Maßeinheiten, die Magdalena in ihren Rezepten benutzt hat

Boudin ▸ Wulst, Strang

Entermet ▸ Zwischengang

Fasch ▸ fein gehackte Füllung

faschieren ▸ fein hacken, durch den Hackwolf drehen

gebäth ▸ gebacken, gebraten

Kalbsmilcher ▸ Kalbsbries

Kaßeroll ▸ Bratentopf

Krammets Vogel ▸ Wacholder-Drossel

Kreuzer ▸ damalige Währung, nicht umrechenbar

Loth ▸ wahrscheinlich 15 Gramm

Lummelbraten ▸ Rinderlende

Maas ▸ wahrscheinlich 1,5 Liter

Morgeln ▸ Morcheln

Näglein ▸ Nelken

Pfund ▸ 500 Gramm

Pignolen ▸ Pinien

Pomeranze ▸ kleine Zitrusfrucht

Schnieten ▸ Scheiben

Schoppen ▸ 500 Milliliter

Schüfleisch ▸ Kochfleisch

Tragant ▸ Gewürz

Weck ▸ Brötchen

welchern, wergeln ▸ mit der Teigrolle bearbeiten

würcken ▸ kneten

Zimmet ▸ Zimt

Fitz-Ritter | Der Schlussstein mit der Jahreszahl 1785 im Torbogen des prachtvollen Gutshauses nennt das Gründungsjahr von Weingut Fitz-Ritter in Bad Dürkheim. Unter seinem Dach vereint das Haus das renommierte VDP.Prädikatsweingut Fitz-Ritter und die Sektkellerei Fitz, die älteste Sektkellerei der Pfalz. Sie wurde 1837 gegründet, nachdem der rebellische Vorfahr Johannes Fitz nach dem Hambacher Fest auf der Flucht nach Frankreich die Champagnerherstellung kennenlernte, und die Rezeptur an den Vetter Fitz in Dürkheim schickte. Das Weingut, das einst mit Weinhandel begann, vererbte sich, immer im Besitz der gleichen Familie, über die Töchter, die mit der Heirat den Familiennamen veränderten. So wandern die Namen Sauerbeck, Christmann, Ritter, Fitz durch die Gutsgeschichte. Das in der Region tief verwurzelte Familienunternehmen wird heute in neunter Generation von Johann Fitz geführt, der das Haus mit hohen Investitionen und innovativen Konzepten erneuert hat. So vermietet Fitz-Ritter jetzt den historischen Kreuzgewölbesaal mit Gutsgarten, Vinothek und mehrsprachigen Weinproben erfolgreich für private Feste. Zu den 25 Hektar Rebfläche des Weinguts gehören die besten Rieslinglagen der Mittelhaardt. Die ökologische Bewirtschaftung der Böden ist ein Credo des Hauses, das 1910 zu den Gründern des Verbands deutscher Prädikats- und Qualitätsweingüter VDP zählte. Der für ein Pfälzer Weingut bemerkenswerte Export, vor allem nach Amerika, wurde vor Jahren von Johann Fitz' Mutter Alice angekurbelt, einer gebürtigen Amerikanerin deutscher Abstammung, die in USA in zahllosen Weinproben und Weinseminaren für den Pfälzer Wein ihrer zweiten Heimat warb.

Engelhorn | Akzente setzen und etwas Besonderes sein – diese Vorstellung bewegte die Gründer schon 1890 und treibt die heutige Unternehmensgeneration noch immer an. Das Ziel ist gleich geblieben: Menschen mit allen Sinnen anzusprechen und emotional zu erreichen. Mit großer Leidenschaft, Herz und hohem Einsatz schafft Engelhorn Vielfalt, Erlebnis und Freude. Seit jeher ist das Mannheimer Familienunternehmen geleitet von dem Gedanken, das Besondere zu bieten und behält die drei Säulen Qualität, Service und Erlebnis im Blick – unverändert seit Gründung. Engelhorn hat sich im Laufe der Zeit enorm verändert. Möglich wurde die Entwicklung vom Bekleidungsgeschäft für Herren- und Knabenmode zum vielseitigen Handelsunternehmen durch Gestaltungswillen und Investitionsbereitschaft. Aktuell verfügt Engelhorn über mehr als 38.000 Quadratmeter Verkaufsfläche in acht Häusern und Shops in den Bereichen Mode und Sport. Ein Online-Shop ergänzt die Häuser in und um Mannheim. Inzwischen ist Engelhorn auch in der Gastronomie eine Marke – fünf Restaurants und drei Bars ergänzen die Symbiose aus Einkauf, Erlebnis und Genuss. So ist Engelhorn wohl weltweit einziger Department Store mit gleich zwei Restaurants, die mit insgesamt drei Michelin-Sternen ausgezeichnet sind. Die Zukunft gestalten heißt neue Wege gehen. Allen Unternehmensgenerationen gemein war und ist das klare Bekenntnis dazu, das Unternehmen weiter nach vorne bringen zu wollen. Dies bedeutet, mutige Entscheidungen zu treffen und auch einmal weiter zu gehen als andere.

Tristan Brandt | Deutschlands jüngster Zwei-Sternekoch kam 1985 in der Nähe von Mainz zur Welt. Seine Mutter erinnert sich, dass er schon als Achtjähriger auf einem kleinen Hocker am Herd neben ihr stand und seinen eigenen Kochtopf hatte. Das musste zum Beruf des Kochs führen. Auf die Lehre in Stromberg folgte unmittelbar der Sprung in die Sterneküche von Manfred Schwarz in Heidelberg, und ebenso rasch in die von Meisterkoch Harald Wohlfahrt im Schwarzwald. Ihm verdankt Tristan Brandt nach eigener Einschätzung wohl am meisten: Eine klare, kreative und authentische Küche, aufgebaut auf den regionalen Produkten der Saison, verfeinert mit nationalen, aber auch mit internationalen Zutaten und Aromen – so kocht Tristan Brandt. Experimentierfreude, zugleich aber auch Respekt vor der Identität des Produkts zeichnen diesen Koch aus. Die Kenntnis der asiatischen Gewürze verdankt er einem Aufenthalt in Shanghai, die Feinheiten der französischen Küche lernte er im Elsass kennen. Nach weiteren Stationen, auch auf der MS Europa zusammen mit Dieter Müller, kam der junge Küchenmeister 2013 als Küchenchef in das neu eröffnete Gourmetrestaurant OPUS V von Engelhorn. Dabei ist es nicht geblieben: Seit Ende 2015 ist Tristan Brandt Geschäftsführer der Engelhorn Gastro GmbH. Die wichtigsten seiner bisherigen Auszeichnungen: 2014 der erste Michelin-Stern, 2016 der zweite Stern für das OPUS V. Der Gault-Millau erteilte Tristan Brandt 18 von 20 möglichen Punkten und zeichnete ihn 2017 mit dem Titel „Aufsteiger des Jahres in Baden-Württemberg" aus. 2019 folgte die Auszeichnung des Aral Schlemmer Atlas zum Spitzenkoch des Jahres.

Ulla Hofmann | Die Journalistin Ulla Hofmann, geboren und aufgewachsen in Mannheim, ist in der Region bekannt als langjährige Wirtschaftskorrespondentin der Frankfurter Allgemeinen Zeitung, für die sie von 1970 bis 2001 über den Raum Rhein-Neckar-Saar berichtet hat. Ihre besondere Aufmerksamkeit gehört dem Nationaltheater Mannheim, dessen Förderverein sie als stellvertretende Vorsitzende seit Jahren angehört. Die Mannheimer beriefen Ulla Hofmann 2002 in den Kreis der „Mannemer Bloomäuler", was als hohe bürgerschaftliche Auszeichnung gilt. Ulla Hofmann hat zwei Kinder, Nico Hofmann und Simone Hofmann, sowie drei Enkel.

Dank
Wir danken für vielfältige Unterstützung der Familie Fitz vom Weingut Fitz-Ritter Bad Dürkheim, Frau Dr. Britta Hallmann-Preuß und dem Stadtmuseum Bad Dürkheim, Herrn Prof. Dr. Ulrich Nieß und dem Marchivum Mannheim sowie Herrn Dr. Fritz Schumann, Bad Dürkheim-Ungstein.

Impressum
Herausgeber: Engelhorn GmbH & Co. KGaA, Mannheim
Geschäftsführende Gesellschafter:
Fabian Engelhorn, Andreas Hilgenstock, Simon Engelhorn
© 2019 Engelhorn GmbH & Co. KGaA, Mannheim
Alle Rechte vorbehalten | In Deutschland gedruckt und gebunden

Engelhorn GmbH & Co. KGaA
Fabrikstationstr. 40 | 68163 Mannheim | www.engelhorn.com

Kein Teil dieses Werkes darf in irgendeiner Form ohne schriftliche Genehmigung des Herausgebers reproduziert oder unter Verwendung elektronischer oder mechanischer Systeme verarbeitet, vervielfältigt oder verbreitet werden.

ISBN 978-3-89823-603-4
Idee: Ruth Alice Fitz und Ulla Hofmann
Konzept und Text: Ulla Hofmann
Recherche: Ruth Alice Fitz
Rezepte: Tristan Brandt
Fotografie: Katharina Küllmer
Projekt-Management: Manuela Häusler
Layout: Marcus Bela Schmitt und Edition Panorama
Litho: Bernd Fix, FixArt Bild & Design
Illustrationen: vectorstock.com
Herstellung und Vertrieb: Edition Panorama

Edition Panorama GmbH
G7, 14 | 68159 Mannheim | www.editionpanorama.com

Für die großzügige Unterstützung danken wir insbesondere
BASF SE
Horst und Eva Engelhardt-Stiftung
Karin und Carl-Heinrich Esser Stiftung
Herrn Dr. John Feldmann
Herrn Dr. Dr. h.c. Manfred Fuchs
Herrn Josef Michels
Herrn Prof. Dr. Jürgen Strube
Heinrich-Vetter-Stiftung
Herrn Dr. Eggert Voscherau

140.

krebs recht sauber, zerrmalmt ihn schön auf, und sal-
zet ihn, Hernach kocht man ihn mit Butter, Eßig
und Zwiebeln in einer messingnen Pfanne, oder
Kachen, man muß aber Acht geben, daß er nicht
zu wenig wird, und nicht zerfällt, dann nimmt man
ihn heraus, legt ihn auf eine Platte, und macht die

Sauce: thut 1 Stück frischen Butter in einen Hafen,
vermischt ihn mit 4 Eiergelb recht zart, und ein
wenig Mehl und Eßig daran, Hernach stellt man
es auf das Feuer, und schüttet von der Fleischbrüh
davon, es muß aber ein wenig dicklecht bleiben
man rührt es bis es kocht, thut ein Scheibe Zitrone, läßt es ein wenig aufkochen, und gießt
die Sauce über den fisch, man muß aber Acht
daß es nicht gerinnt. — Auf die nähmliche
macht man auch einen Aal in einer gelben